Arthur Meyer

Das Chlorophyllkorn

Arthur Meyer

Das Chlorophyllkorn

ISBN/EAN: 9783743316430

Hergestellt in Europa, USA, Kanada, Australien, Japan

Cover: Foto ©berggeist007 / pixelio.de

Manufactured and distributed by brebook publishing software
(www.brebook.com)

Arthur Meyer

Das Chlorophyllkorn

DAS CHLOROPHYLLKORN

IN

CHEMISCHER, MORPHOLOGISCHER UND BIOLOGISCHER BEZIEHUNG.

EIN BEITRAG

ZUR KENNTNISS DES CHLOROPHYLLKORNES DER ANGIOSPERMEN

UND SEINER METAMORPHOSEN

VON

ARTHUR MEYER.

MIT 3 TAFELN IN FARBENDRUCK.

LEIPZIG,

VERLAG VON ARTHUR FELIX.

1883.

Seinen hochverehrten Lehrern

Herrn

Professor Dr. A. DE BARY

und Herrn

Professor Dr. FLÜCKIGER

in treuer Dankbarkeit

gewidmet

vom

Verfasser.

Vorwort.

—

Wie ich schon in einem Aufsatze in der Botanischen Zeitung vom Jahre 1881
28) mittheilte, beschäftigten mich längere Zeit Beobachtungen über die Frage nach
der Entstehung der Stärkekörner der Angiospermen. Es konnte dabei nicht ausbleiben,
dass ich die Organe an und in welchen die Stärkekörner wachsen, einer genaueren
Untersuchung unterwarf; die letztere führte schliesslich zu Resultaten, welche auf die bisher gültigen Ansichten über Chlorophyllkörner, Stärkebildner und Farbstoffkörper vielfach
umgestaltend einwirken mussten, und da die gewonnenen Anschauungen wieder auf die
Frage nach der Entstehung der Stärkekörner einen nicht unwesentlichen Einfluss haben,
so sah ich mich genöthigt, ehe ich zur Ausarbeitung der über die Stärkekörner ange-
stellten Untersuchungen überging, meine von der bisherigen Auffassung der Chlorophyllkörner abweichenden Ansichten klar zu stellen und genauer zu formuliren.

Die vorliegende Arbeit, in welcher diese Anschauungen und die Grundlagen,
auf welche sie sich stützen, dargelegt sind, soll also gleichsam die Einleitung zu einer,
wenn möglich im nächsten Jahre erscheinenden Abhandlung über die Stärkekörner bilden, in welcher ich noch manches mitzutheilen hoffe, was hier, bei der morphologischen Betrachtung der Chlorophyllkörner und ihrer Verwandten, unerörtert bleiben
muss, obgleich es zur Stütze der vorzutragenden Ansichten beitragen könnte.

Da ich mir wohl bewusst bin, dass die vorliegende Untersuchung unsere Erkenntniss des Wesens der Chlorophyllkörner und ihrer Verwandten nur einen kleinen Schritt
fördert, und dass bezüglich dieser Erkenntniss noch sehr viele Lücken und Unsicher-
heiten übrig geblieben sind, so will ich die Arbeit mit dem Wunsche begleiten, dass
sie zu weiteren Beobachtungen auf diesem noch so wenig bebauten Gebiete einen neuen
Anstoss geben möge.

Strassburg, im August 1882.

Arthur Meyer.

Inhalt.

Druckfehler.

Capitel I.

Die Metamorphose des Chlorophyllkornes.

Die Chlorophyllkörner, welche wir seit Sachs's epochemachenden Arbeiten aus den sechziger Jahren allgemein als Assimilationsorgane der Pflanzen ansehen, sind wohl gerade deshalb, weil ihre wichtige physiologische Function den Forschern genügende Arbeit in anderer Richtung bot, seit jener Zeit in morphologischer Beziehung etwas vernachlässigt worden, und es scheint deshalb und vorzüglich jetzt, wo durch Schimper's Untersuchung die allgemeine Aufmerksamkeit auf den Chlorophyllkörnern nahe verwandte Organe gelenkt ist, auf die sogenannten Stärkebildner, wohl zweckmässig, die Chlorophyllkörner und die ihnen morphologisch verwandten Gebilde, zu denen auch die anderweitigen Farbstoffkörper zu rechnen sind, in morphologischer und biologischer Hinsicht einmal wieder etwas näher ins Auge zu fassen.

Wenn ich mich in dieser Richtung in der vorliegenden Abhandlung mit den Chlorophyllkörnern beschäftige, so werde ich bemüht sein, die physiologischen Fragen möglichst wenig zu berühren, und werde zugleich, um auch in dieser Hinsicht meine Aufgabe thunlichst zu beschränken, nur von den Chlorophyllkörnern der Angiospermen reden. Das Physiologische, vorzüglich die Frage nach den Functionen der Chlorophyllkörner und ihrer Verwandten, gedenke ich in einer späteren Arbeit über die Stärkekörner etwas ausführlicher zu behandeln.

Zur Lösung der eben besprochenen Aufgabe wird es nun am besten sein, wenn wir uns zuerst über die Beziehungen der Chlorophyllkörner zu den mit ihnen verwandten Gebilden orientiren. Untersuchen wir, um uns leichter zu verständigen, eine Pflanze, an welcher uns alle Verwandten des Chlorophyllkornes entgegentreten, z. B. die gewöhnlich unter dem Namen *Echeveria floribunda* in den Gärten geführte Echeveriaspecies.

In dem gleichförmig gebauten Parenchym der fleischigen Blattspreite dieser Pflanze findet man hellgrüne, normale Chlorophyllkörner, Fig. I a, welche meist mehrere kleine Stärkekörner einschliessen.

Die äussersten Lagen des Rindenparenchyms dickerer, dem Lichte exponirter Stengeltheile der Pflanze enthalten den zuerst besprochenen Chlorophyllkörnern gleiche Organe: dagegen findet man die Chlorophyllkörner in etwas grösserer Tiefe solcher Stämme kleiner, während die Stärkeeinschlüsse relativ gross sind Fig. I b, meist einzeln und excentrisch im Chlorophyllkorne liegen, ja hier und da aus demselben herausragen.

In dem blossen Auge weiss oder röthlich erscheinenden Stammpartien solcher Stämme, die vom Boden bedeckt oder stark beschattet waren, findet man den Chlorophyllkörnern ähnliche, farblose Organe, welche relativ klein und meist durch die grossen Stärkekörner, welche in ihnen wachsen (Fig. I c so gedehnt sind, dass man sie direct kaum mehr erkennen kann.

Aehnliche, fast oder ganz farblose Gebilde sieht man in den Zellen der Blattepidermis. Sie liegen hier meist um den Zellkern angehäuft, seltener im Protoplasma vertheilt und führen Stärke; dagegen sind diese Körper in den noch nicht völlig ausgebildeten Schliesszellen und Nebenzellen der Spaltöffnungen, wo sie als stark lichtbrechende Massen um den Zellkern gelagert sind, stärke-frei, führen aber später in den Schliesszellen sehr reichlich Stärke, und indem sie dort zugleich grünlich erscheinen, werden sie den Chlorophyllkörnern mit grossen Stärkeeinschlüssen, welche wir im Stamme finden, ähnlich.

In der rothen Corolle etwa halb erwachsener Blüthen findet man kleine, grüne Chlorophyll-körner, theilweise mit Stärkeeinschlüssen, welche in älteren Blüthen gelblich werden und sich zuletzt in gelbliche Spindeln (Fig. 1c) verwandeln.

Schon aus der mitgetheilten Beschreibung der bei *Echeveria* in den verschiedenen Geweben vorkommenden, überall durch Uebergänge mit den Chlorophyllkörnern katexochen verbundenen Gebilden, welche alle auch die Eigenschaft zeigten, wenigstens in einem Stadium ihrer Entwicke-lung Stärke zu führen, geht hervor, dass wir es hier mit morphologisch sehr nahe ver-wandten Organen zu thun haben; wir werden aber in weiterem klar sehen, dass wir berechtigt sind, die erwähnten dem Chlorophyllkorne des Assimilationsgewebes nahe stehenden Gebilde, die grosse Wichtigkeit der assimilirenden Chlorophyllkörner berücksichtigend, als reelle Meta-morphosen der letzteren zu betrachten.

Die phylogenetische Entwickelung dieser Organe könnte allerdings auch in anderer Rich-tung stattgefunden haben, doch ist dieses vorläufig nicht zu beweisen, und die Priorität der assi-milirenden Chlorophyllkörner erscheint auch hier als das Wahrscheinlichste.

Die Autoren, welche unsere Frage berühren, schliessen sich übrigens, wie wir weiter unten sehen werden, an die eben auseinandergesetzte Ansicht an, sprechen dieselbe aber mit etwas anderen Worten aus.

Ehe wir zur Besprechung der einzelnen Metamorphosen des Chlorophyllkornes schreiten, wird es zweckmässig sein, uns ein Sammelwort für die Chlorophyllkörner und deren Metamorphosen zu schaffen.

Wir wollen die Chlorophyllkörner sammt ihren Verwandten Trophoplasten nennen, in gleicher Weise etwa, wie wir Niederblätter, Laubblätter und Blumenblätter unter den Ausdruck Phyllome zusammenfassen. Ausser dieser Gesammtbezeichnung müssen wir aber auch einen neuen Namen für die farblosen Trophoplasten einführen, da der Name Stärkebildner durch die heutigen Erfahrungen über die farblosen Trophoplasten zu eng geworden und in gewisser Beziehung sehr unzweckmässig ist.

Schimper kannte keine farblosen Trophoplasten, welche, in gleicher Weise wie manche grüne (z. B. die von *Allium Cepa*), unter den gewöhnlichen Verhältnissen keine Stärke erzeugen. Ich habe aber nachgewiesen (p. 33° d. A.), dass solche Organe existiren, und diese, welche den Stärkebildnern in derselben Weise gleichwerthig sind, wie die grünen stärkebildenden den grünen nichtstärkebildenden Trophoplasten homolog erscheinen, können wir dann doch füglich nicht Stärke-bildner nennen. Ausserdem besitzen ja die grünen Trophoplasten ebenso die Fähigkeit Stärkekörner zu erzeugen wie die farblosen, und der Name Stärkebildner ist deshalb überhaupt für die farblosen Trophoplasten gar nicht bezeichnend.

Wir wollen die farblosen Trophoplasten Anaplasten nennen.

Um die morphologische Beziehung zwischen den Organen und ihre physiologischen Unter-schiede gleich im Namen anzudeuten, wollen wir zuletzt auch die Farbstoffkörper mit dem Namen Chromoplasten, die Chlorophyllkörner als Autoplasten bezeichnen, dabei aber den alten Namen der letzteren hier und da als gleichwerthig mit dem neuen anwenden. Gehen wir nun zu einer etwas ausführlicheren Betrachtung der einzelnen Metamorphosen des Chlorophyllkornes über.

Was die, den bei *Echeveria* zuerst erwähnten Chlorophyllkörnern mit grossen Stärkeeinschlüssen conformen Trophoplasten betrifft, so ist über dieselben wenig zu sagen. Sie unterscheiden sich von den Chlorophyllkörnern der Blätter von *Echeveria* nur durch eine meist etwas leichtere Färbung und ihre relativ grossen Stärkeeinschlüsse.

Man findet diese Trophoplasten hauptsächlich an solchen Orten in dem Gewebe der Pflanzen, welche nur gedämpftes Licht erhalten. Es sind die von DRUNKKK [1] als nicht assimilirende Chlorophyllkörper beschriebenen Organe, worunter DRUNEKE allerdings auch farblose Trophoplasten mit einbegreift; sie sind in morphologischer Beziehung nur als Uebergangsglieder zwischen den Autoplasten und Anaplasten zu betrachten und bedürfen deshalb überhaupt keiner besonderen Erwähnung mehr. Will man sie einmal besonders bezeichnen, so kann man sie intermediäre Trophoplasten nennen.

Die schon bei *Echeveria* als in farblosen Stammstücken und der Epidermis vorkommend erwähnten farblosen Trophoplasten, welche nur bei relativ wenigen Pflanzen leicht direct sichtbar sind, weil sie theils von den eingeschlossenen Stärkekörnern zu sehr gedehnt, theils durch Wasser leicht zerstörbar sind, wurden doch schon von CRÜGER 1854 (2, p. 41) gesehen und beschrieben. Er giebt für die farblosen Trophoplasten von *Canna*, *Dieffenbachia Seguine*, *Philodendron grandifolium* und *Batatas edulis* ganz klare Abbildungen, hält jedoch die farblosen Trophoplasten für eine Substanz, die im Begriffe ist in Stärke überzugehen. Von allen späteren Autoren, die sie gesehen, haben nur DRUNEKE und SCHIMPER das Wesen der farblosen Trophoplasten erkannt.

DRUNEKE hat die Anaplasten, die er, wie gesagt, von seinem Gesichtspunkte aus mit den intermediären Trophoplasten unter der Bezeichnung nicht assimilirende Chlorophyllkörper zusammenstellt, z. B. in der Wurzel von *Brassica rapa* beobachtet, in welcher er sie da ergrünen sah, wo die Wurzel über die Erde trat, und kommt zu dem Schlusse, dass die nichtassimilirenden Chlorophyllkörper von den assimilirenden nicht principiell verschieden sind (1, p. 44).

Auch SCHIMPER (3), welcher also die von ihm beobachteten farblosen Trophoplasten Stärkebildner nannte, spricht aus, dass sie und die Chlorophyllkörner identisch sind. Er stützt sich hierbei vorzüglich auf die Thatsachen, dass die Stärkebildner und Chlorphyllkörner in Bezug auf Entwickelungsgeschichte und die Fähigkeit Stärkekörner zu erzeugen mit einander übereinstimmen, und dass die Stärkebildner vieler Pflanzen, auch diejenigen, welche unter normalen Verhältnissen niemals ergrünen, im Stande sind am Lichte in Chlorophyllkörner überzugehen. SCHIMPER führt auch eine Reihe von Fällen an (3, p. 894), in welchen diese Umwandlung im gewöhnlichen Gange des Lebens der Pflanze eintritt.

Ich will hier noch auf eine derartige Umwandlung aufmerksam machen, welche recht klar darlegt, dass zwischen Anaplasten und Autoplasten kein principieller Unterschied besteht. In dem stärkehaltigen Samen von *Phaseolus multiflorus*, welcher im reifen Zustande nur sehr kleine Proteinkörner neben den grossen Stärkekörnern im Protoplasma führt, geht die Stärkebildung in kleinen, sehr schwach grün gefärbten Chlorophyllkörnern vor sich: diese werden bei der Reife des Samens durch die grossen Stärkekörner gedehnt und erscheinen dann farblos. Erst nach dem Keimen der Bohne nehmen die dann noch wachsenden Chlorophyllkörner eine intensiver grüne Farbe an, wenn die Cotyledonen über den Boden gelangen.

Principiell gleich verhalten sich diejenigen Samen, welche im reifen Zustande grosse Proteinkörner und keine oder kleine Stärkekörner im Protoplasma führen. Ich habe speciell bei *Soja hispida* die Umwandlung der Anaplasten der reifen Samen, welche häufig noch kleine Stärkeeinschlüsse enthalten, in später energisch assimilirende (vergleiche hierzu auch 47, p. 251) grüne Trophoplasten unzweifelhaft beobachtet. Die farblosen Trophoplasten (s. Fig. 2) liegen bei *Soja* innerhalb von Protoplasmafäden, welche die von den Proteinkörnern und deren Hüllen (P) frei gelassenen Räume durchziehen. Die Figur ist nach einem mit Jod gefärbten, in Glycerin liegenden Präparate gefertigt; die Proteinkörner sind deshalb aus ihren Hüllen herausgelöst, die Stärke erscheint blau, das Chlorophyllkorn gelb, C ist die Cellulosewand, p der Plasmabeleg derselben. Die Entstehung der Anaplasten in der reifenden Sojabohne habe ich nicht untersucht.

Ein schönes Beispiel für das Verhalten der Trophoplasten in den Cotyledonen mag übrigens *Lupinus polyphyllus* auch *luteus*) sein, von dessen Chlorophyllbildung PRITTKE 4, p. 513 und 524) folgende Beschreibung gibt.

p. 513 und 514: »Die Lupinusarten bilden schon in sehr jugendlichen Embryonen Chlorophyll, welches in kleinen, meist länglichen Formen in dem Wandprotoplasma, den Protoplasmasträngen und der Hüllmasse des Zellkerns auftritt, namentlich in den nach aussen liegenden Zellen der Samenlappen. — Die Chlorophyllkörnchen produciren in ihrem Innern Stärkekörnchen, welche erst beim Eintrocknen des völlig reifen Samens verschwinden, indem sie voraussichtlich Oel liefern.«

p. 525 und 526: »Schon vor dem Hervorbrechen der Wurzel des keimenden Samen zeigen sich einzelne Stärkekörnchen in der Grundmasse, und noch lange ehe die Lösung der Proteinkörner vollendet ist, entstehen kleine Chlorophyllkörner, die vielleicht einfach eine Regeneration der im reifenden Samen vorhandenen Chlorophyllkörner sind, da ja deren protoplasmatische Grundlage in ausgetrockneter Form im Samen erhalten blieb. Die Chlorophyllkörner treten auch hier nur in dem Protoplasma auf, sowohl in der Hüllmasse des Zellkerns, als auch in den Strängen und dem Wandprotoplasma, wie man sich überzeugen kann, sobald die Lösung der Proteinkörner weiter fortgeschritten oder vollendet ist.«

Die Anaplasten kommen hauptsächlich einmal in solchen Zellen der Pflanze vor, welche nicht beleuchtet werden, das andere Mal in von relativ intensivem Lichte getroffenen Zellen, vorzüglich in den vom Lichte direct getroffenen Epidermiszellen.

Letzteres Vorkommen ist z. B. ein sehr häufiges in der Epidermis der Blattoberseite dicotyledoner Pflanzen. Bei den aufrecht stehenden Blättern der monocotyledonen Pflanzen erscheinen farbloser Trophoplasten meist in der ganzen Blattepidermis. Man findet übrigens unter den Trophoplasten der Epidermiszellen verschiedener Pflanzen alle Uebergänge in Bezug auf Intensität der Färbung und auf Grösse. So besitzen *Ouvirandra fenestralis, Ranunculus aquatilis, Impatiens nolitangere, Myosotis silvatica* '6, p. 87) grosse dunkelgrüne Trophoplasten in der Epidermis. Hellgrüne Körner finden sich in der Epidermis der Unterseite der Involucralblätter von *Eranthis hiemalis* und der Laubblätter von *Hoya carnosa*. Grosse völlig farblose Trophoplasten führt *Yucca filamentosa* und kaum sichtbare *Ixia maculata*. Erwähnt sei auch die Thatsache, dass viele im Lichte herangewachsene Schuppenblätter, überhaupt zu Schutzdecken ausgebildete Blätter, im Gegensatze zu den Laubblättern meist sehr wenig entwickelte und wenig gefärbte Chlorophyllkörner enthalten (Siehe 9, p. 18 und 49).

Das Vorkommen grüner Trophoplasten in den Epidermen der Schattenpflanzen und submersen Gewächse und das Vorkommen der farblosen Trophoplasten in den Epidermen in hellem Lichte wachsender Pflanzen führt schon leicht zu der Vermuthung, dass hier bei der Metamorphose der Chlorophyllkörner die relativ starke Beleuchtung eine Rolle spielt. Noch mehr deutet die Erscheinung darauf hin, dass in der Epidermis der Blattoberseite der Laubblätter vieler dicotyledoner Pflanzen sich farblose Trophoplasten finden, während die Epidermis der Unterseite Chlorophyllkörner führt '6, p. 100 und 103', und dass die unbeweglichen, vertical wachsenden Blätter vieler Monocotyledonen in den Epidermen der beiden Blattseiten farblose Trophoplasten enthalten. Die Beobachtungen HATALIN'S an Coniferen 7,), ASKKENASY'S an Moosen S und WILSNEK'S an *Cirsium oleraceum* 9, p. 10 zeigen ausserdem deutlich, dass stärkere Beleuchtung die Entwickelung des Chlorophyllfarbstoffes auch in den Trophoplasten des Mesophylls hindern oder stören können, und selbst PRINSSHEIM'S Versuche (10, im concentrirten Sonnenlichte können vielleicht wenn nicht die

Entfärbung dabei nur in den getödteten Chlorophyllkörnern eintritt!) noch zur Stütze der Ansicht herbeigezogen werden, dass die Metamorphose der Chlorophyllkörner der Epidermiszellen sehr wohl eine Function der relativ starken Belenchtung sein kann, welcher dieselben während ihrer Entwickelung ausgesetzt sind.

Für einen Fall scheint der Einfluss relativ intensiver Beleuchtung auf die Entstehung der farblosen Chlorophyllkörner durch Störn (6 erwiesen. Störn beobachtete zuerst die Entwickelung der Chlorophyllkörner in der Blattepidermis spontan wachsender *Bellis perennis*-Pflanzen und fand, wenn ich Störn's Darstellungsweise der gefundenen Thatsachen gleich in meine Sprache übersetzen darf, dass zuerst in der Epidermis überall Stärkekörner auftreten, deren Hüllen (Trophoplasten) ergrünen, dass dann die Stärke verschwindet und in der Blattoberseite die grüne Hülle zu einem farblosen Trophoplasten wird, während in der Unterseite grüne Trophoplasten entstehen (6, p. 100,. Dann liess Störn Pflanzen von *Bellis perennis* in gedämpftem Lichte wachsen und erhielt in der Blattoberseite so auch normale Chlorophyllkörner. Störn fand ferner während des Sommers in Blättern von *Viburnum Lantana* nur farblose, dagegen im Herbste in der Epidermis der Unterseite junger Blätter schwach grüne Trophoplasten.

Von diesen Fällen aus, in welchen die ontogenetische Entwickelung der farblosen Trophoplasten aus grünen constatirt ist, lässt sich wohl weiter schliessen Siehe übrigens 6, p. 110,, dass vielleicht eine ähnliche Ursache der phylogenetischen Entstehung für die meisten jetzt vorkommenden Anaplasten der Epidermen anzunehmen ist.

Dass manche in hellen Lichte wachsende Pflanzen dennoch schön grüne Chlorophyllkörner in der Epidermis besitzen z. B. *Mercurialis annua*, spricht selbstverständlich nicht gegen die gemachte Annahme, da ja die Trophoplasten, wie uns die Coniferen zeigen, bei den verschiedenen Pflanzen verschieden lichtempfindlich sind.

Welche Ursachen diese differente Empfindlichkeit der Trophoplasten und vielleicht auch des Chlorophyllfarbstoffes bei den verschiedenen Pflanzen bedingen, kann bis heute nicht erklärt werden.

Als Resultat der eben gemachten Ueberlegung mag also nochmals ausgesprochen sein, dass die Möglichkeit zur Entstehung der Gewohnheit vieler Pflanzen in ihren beleuchteten Epidermiszellen farblose Trophoplasten zu erzeugen, wahrscheinlich hauptsächlich in der die Ausbildung des Chlorophyllfarbstoffes hindernden Wirkung zu starker Beleuchtung zu suchen ist.

Zu betonen ist hierbei, dass es fraglich ist, welchen relativen Einfluss die Lichtwirkung und die Wärmewirkung der Lichtstrahlen hat. Auch ist nicht zu vergessen, dass noch andere Factoren zu den besprochenen Möglichkeiten gehören könnten, wie z. B. die geringe Zufuhr von bestimmten mineralischen Stoffen zu den Epidermiszellen.

In vielen Fällen hängt ja die Ausbildung farbloser Trophoplasten im Lichte sicher nicht mit der zu starken Beleuchtung zusammen. So z. B. ist es noch völlig unerklärt, welche Factoren das Hellgrün- oder Farbloshleiben der Trophoplasten einzelner Zellen in panachirten Blättern bedingen, und welche Möglichkeiten zur Entstehung der Gewohnheit vorlagen, grüne und farblose Trophoplasten in verschiedenen neben einander liegenden Zellen auszubilden, wie sie sich bei vielen Blüthenblättern findet, z. B. bei *Galanthus nivalis*.

Ob der Pflanze aus der Gewohnheit der Erzeugung farbloser Trophoplasten in der Epidermis Vortheile erwachsen, welche vielleicht zur Befestigung der Gewohnheit beigetragen haben, ist eine andere Frage, welche noch zu beantworten wäre. Sicher ist, dass eine solche Befestigung der Gewohnheit existirt, die es wahrscheinlich in manchen Fällen unmöglich macht, alle Bedingungen herzustellen, um ein Ergrünen der farblosen Trophoplasten gegen die Gewohnheit der Pflanze herbeizuführen. Bezüglich der farblosen Blüthenblätter mag der Vortheil mitgewirkt haben, welcher der Pflanze aus der Anlockung der Kreuzungsvermittler erwächst.

Die Anaplasten der nichtbeleuchteten Zellen der Pflanzen, welche wir uns noch etwas näher ins Auge fassen wollen, haben eine sehr weite Verbreitung. Zuerst finden sie sich Cap. IV d. A.) in allen unbeleuchteten Zellen, in welchen in irgend einem Stadium der Entwickelung Stärkekörner auftreten und ausserdem auch in Zellen, in denen mit grösster Wahrscheinlichkeit niemals Stärke auftritt.

Umgekehrt wie bei den Chlorophyllkörnern der Epidermis bedingt hier wohl hauptsächlich und meist der Mangel der Beleuchtung während der Entwickelung der Trophoplasten die Metamorphose der Chlorophyllkörner in Anaplasten. Es geht dieses deutlich aus den Uebergängen zwischen grünen und farblosen Trophoplasten hervor, welche bis jetzt in allen untersuchten Fällen bei theilweiser Beleuchtung der farblose Trophoplasten enthaltenden Organe constatirt werden konnten.

SCHIMPER unterscheidet (3, p. 592) in morphologischer Beziehung zwei Typen, runde und spindelförmige Stärkebildner. SCHIMPER's auffallendstes Beispiel spindelförmiger Anaplasten, die spindelförmigen Stärkebildner von *Phajus grandifolius*, sind, wie wir im Laufe dieser Abhandlung sehen werden, so weit sie eben als Spindeln erscheinen, keine Trophoplasten, und die gestreckten Anaplasten von *Canna* stellen eben so wenig eine besondere Form von Anaplasten dar, wie die durch das Wachsthum der Stärkekörner zu Blasen gedehnten grünen Trophoplasten als eine besondere Form der Chlorophyllkörner anzusehen sind (p. 39 d. A.). Nur die farblosen Trophoplasten von *Melandryum* (3, p. 589) scheinen ihre eiförmige Gestalt ähnlichen Ursachen zu verdanken, wie die seltener vorkommenden, später genauer zu besprechenden, gestreckten hellgrünen Autoplasten. Die gestreckten Stärkebildner von *Melandryum* kommen übrigens in den Zellen des Endospermes neben runden Formen vor.

Wir wollen also zuletzt »farbige Trophoplasten« oder »Chromoplasten« die Metamorphosen des Chlorophyllkornes nennen, von welchen wir ein allerdings wenig typisches Beispiel schon in den Blüthenblättern von *Echeveria* auffanden, welche sich durch eine von dem Grün des Chlorophyllfarbstoffes abweichende Färbung auszeichnen und sich in den Blüthentheilen vieler Gewächse finden. Dass diese Chromoplasten aus farblosen oder grünen Trophoplasten hervorgehen, war lange bekannt und zwar wohl deshalb, weil die Verwandelung der grünen und auch der farblosen Trophoplasten in farbige ohne Schwierigkeiten zu beobachten ist.

Wenn man die Veränderung der Farbe dieser Trophoplasten einfach mit derjenigen vergleicht, welche in den absterbenden Laubblättern an den Chlorophyllkörnern auftritt, so entsteht leicht die Anschauung, als seien die Chromoplasten in der That nur und immer solche dem Tode nahe Chlorophyllkörner. Zu dieser Ansicht neigen sich die meisten der Autoren, welche diese Sache besprochen haben.

HOFMEISTER, welcher übrigens die klarste und richtigste Darstellung der auf diese Frage bezüglichen Thatsachen gibt, stellt z. B. die dem Tode nahen Chlorophyllkörner und die Chromoplasten neben einander. Er sagt (16, p. 376 und 376,): Viele Chlorophyllkörner nehmen gegen das Ende ihres Lebens eine gelbe oder gelbrothe Farbe an (Xanthophyllkörnchen', so zum Theil bei dem herbstlichen Vergilben der Blätter. Das Gelb ist meist ein ziemlich blasses; rothgelbe und rothe Farbentöne der Herbstblätter werden dadurch hervorgerufen, dass der Zellsaft, die Inhaltsflüssigkeit der grossen centralen Vacuolen von Zellen der Blätter sich roth färbt. Intensivere Färbung in Gelb und Roth erlangen die Chlorophyllkörner vielfach in Blattorganen der Blüthen und in reifenden Früchten von Phanerogamen, sowie in den Zellen der Wände der Antheridien von Laubmoosen und Characeen. Die gelbe oder gelbrothe Färbung tritt vollständig an die Stelle der vorherigen grünen. SACHS handelt in seinem Handbuche der Experimentalphysiologie (23, p. 329) die Chromoplasten der Früchte unter dem Capitel »die Degradation des Chlorophylls« ab, in welchem er zugleich die Degradation des Chlorophylls der Laubblätter bespricht. Im Lehrbuche der Botanik 59, p. 19 behandelt SACHS die Chromoplasten der Früchte nur kurz.

Also auch in den Darstellungen von SACHS und HOFMEISTER finden wir die Idee in den

Vordergrund gedrängt, dass die Chromoplasten den Destructionsproducten der Chlorophyllkörner der Laubblätter sehr nahe stehen. Wir wollen nun sehen, in welcher Richtung diese Anschauung gerechtfertigt erscheint, in welcher Beziehung sie nicht mit den Thatsachen stimmt.

Es ist diese Frage von Wichtigkeit für uns, denn wäre die Anschauung richtig, dass diese Chromoplasten nur Zustände der Senescenz der Chlorophyllkörner wären, so dürften wir sie, vorzüglich da wir hier auf keine physiologische Function Rücksicht zu nehmen haben, eben so wenig als Metamorphosen der Chlorophyllkörner bezeichnen, wie wir die Herbstzustände der Laubblätter unserer Waldbäume als besondere Metamorphosen der grünen Laubblätter betrachten. Aber in der That verhält sich die Sache in den typischen Fällen auch anders: denn die Chromoplasten verdienen meist den Namen metamorphosirter Chlorophyllkörner eben so sehr wie die Blüthenblätter den Namen metamorphosirter Laubblätter.

Ich will dies hier nur für die Chromoplasten der Blüthenblätter, welche ich hauptsächlich untersucht habe, zu zeigen versuchen.

Die Chromoplasten der Blüthenblätter erfüllen zuerst entschieden eine für die Pflanze sehr wichtige, wir wollen sagen biologisch wichtige Function, der sie besonders angepasst sind.

Vorzüglich durch SPRENGEL, DARWIN und HERMANN MÜLLER ist es ja zur Genüge wahrscheinlich gemacht, dass die gesteigerte Auffälligkeit der Blüthen einen gesteigerten Besuch der letzteren durch kreuzungsvermittelnde Insecten zur Folge hat. Diese Auffälligkeit der Blüthen wird aber durch intensive Färbung der Blüthenblätter sehr erhöht, und diese ist deshalb als ein höchst bedeutender Factor zur Steigerung des zur Erhaltung der Species zweckmässigen oder nöthigen Besuches der Blüthe durch Kreuzungsvermittler anzusehen.

Die Färbung der Blüthenblätter wird aber einmal durch die bevorzugte Ausbildung gefärbten Zellsaftes, das andere Mal durch die Entstehung intensiv gefärbter Chromoplasten und drittens durch die gleichzeitige Erzeugung beider Dinge bewirkt.

Wo intensiv gefärbte Zellsäfte entstehen, tritt die Metamorphose der Chlorophyllkörner zu Chromoplasten oft gar nicht ein. dort aber, wo die letzteren die Färbung der Blüthe allein bedingen, geht die Metamorphose in ausgezeichneter Weise vor sich.

Diese Chromoplasten in ihrer höchsten Ausbildung sind also schon deshalb, weil sie einer wichtigen biologischen Function angepasst sind, wahrscheinlich nicht als einfache Zustände der Destruction der Chlorophyllkörner zu betrachten.

Sie sind es aber auch aus dem Grunde nicht, weil sie aus Anaplasten entstehen können, die niemals ergrünt sind. und weil sie, auch wenn sie aus Autoplasten entstanden sind, nach der Aenderung der Farbe noch bedeutend wachsen (p. 11 d. A.) und die Intensität ihrer Färbung steigern können, welche sie einem häufig in grösserer Quantität in ihnen erzeugten Farbstoffe verdanken, der meist durch die Intensität und Nuance sehr von dem der absterbenden Autoplasten der betreffenden Pflanze abweicht und deshalb wahrscheinlich auch chemisch von ihm verschieden ist.

Uebrigens muss dabei doch festgehalten werden, dass die Möglichkeit der Entstehung des hier so wichtigen Farbstoffes auf denselben oder ähnlichen chemischen Eigenthümlichkeiten des Etiolins oder Chlorophylls beruhen kann, wie diejenigen sind. welche bewirken, dass die Farbe der Chlorophyllkörner der Laubblätter beim Absterben der letzteren in Gelb übergeht. Vorzüglich spricht die Thatsache dafür, dass in allen genau untersuchten Fällen die Chromoplasten gelb oder orange gefärbt sind, also ähnliche Farben besitzen wie die absterbenden Chlorophyllkörner (siehe p. 11 d. A.). Es spricht auch noch für diese Hypothese die Thatsache, dass sich Uebergänge von den ausgeprägtesten Formen der Chromoplasten zu den Fällen, in denen die in den Blüthenblättern befindlichen Trophoplasten auch beim Absterben der Zellen grün bleiben (wahrscheinlich, weil der Tod der Blätter zu schnell eintritt), in Form wenig intensiv gelbgrün gefärbter, häufig erst kurz vor dem Tode der Zelle farbig werdender, kleiner Trophoplasten nicht selten finden, bei denen man sehr zweifelhaft sein kann, ob man sie als absterbende grüne Trophoplasten oder als Chromoplasten bezeichnen soll. In solchen Fällen bleibt es allerdings dem Belieben überlassen, wie man die Sache auffassen will, während über die Art der Auffassung der typischen Fälle wohl kein Zweifel herrschen kann.

Gehen wir nun zu einer etwas specielleren Betrachtung der Chromoplasten über.

Wir finden, wie gesagt, farbige Trophoplasten bei den Angiospermen hauptsächlich in Blüthentheilen, vom Blüthenstiele an bis zu den Carpiden. Der Zeitpunkt ihrer fertigen Ausbildung hängt von der Zeit ab, in welcher die sie beherbergenden Organe den Höhepunkt ihrer Entwickelung erreichen. Die Metamorphose der Chlorophyllkörner zu Chromoplasten kann in allen Theilen der Blüthe stattfinden oder auch nur in einem oder dem anderen in typischer Weise eintreten. Bezüglich der Blüthenblätter muss hier zuerst darauf hingewiesen werden, dass sich bei den verschiedenen vollständig entwickelten Blüthen alle Uebergänge zwischen farblosen, grünen und farbigen Trophoplasten finden. Eine grosse Reihe von Blüthen, vorzüglich die weissen, enthalten in Epidermis und Parenchym ihrer Blätter farblose oder fast farblose Trophoplasten, so z. B. die farblosen Liliaceen-Blüthen, wie die Blüthen von *Anthericum liliago* oder *Yucca filamentosa*. Bei *Yucca filamentosa* sind die Trophoplasten in den Perigonblättern der Knospe meist grünlich und bleiben auch im unteren Theile der Blätter meist grünlich, wenn die Blüthenblätter auf dem Höhepunkte ihrer Entwickelung angelangt sind, den man wohl im allgemeinen als in der Zeit erreicht ansehen kann, in welcher die Antheren einer Blüthe zu stäuben beginnen. In diesem Zeitpunkte sind die Trophoplasten des oberen Theiles der Perigonblätter farblos. Blaue, rosarothe und violette Blüthen enthalten meist grüne oder fast farblose Trophoplasten, die häufig relativ klein sind; bei *Linum perenne*, z. B., sind die Trophoplasten sehr klein und grünlich, bei *Aquilegia vulgaris* bis zum Tode der Blüthe ziemlich dunkelgrün, bei *Antirrhinum majus* sind sie in den rothen Partieen der Blüthe anfangs grün, am Ende fast farblos und führen auch in Blüthen mit stäubenden Antheren oft noch reichlich Stärke. *Campanula Medium* besitzt vor dem Aufblühen nur grüne Trophoplasten, welche grosse Stärkekörner führen; die Farbe der Trophoplasten wird später durch den intensiv blauen Zellsaft verdeckt. Die blauen *Delphinium*-Arten besitzen ebenfalls kleine grünliche Trophoplasten in den Blüthenblättern (siehe auch 52, p. 270 über die physiologische Function dieser Körner). Selten finden sich in Blüthen, welche in ihren Zellen rosenrothen, blauen oder violetten Zellsaft enthalten, grünlich-gelb oder schmutzig-grün gefärbte Trophoplasten, wie z. B. bei *Echeveria*, und ebenfalls relativ selten schön gelbe oder orangefarbene Trophoplasten, wie z. B. (nach WEISS) bei *Gazania splendens* und *Tagetes erecta*.

Fälle, wo gelb gefärbter Zellsaft in den Blüthen auftritt, sind wohl sehr selten (siehe selbst WEISS, 14, p. 176, meist werden Verwechselungen mit zerflossenen gelben Chromoplasten vorliegen; die Frage, ob gelb gefärbte Chromoplasten mit gelbem Zellsafte zugleich in Zellen von Blüthenblättern vorkommen, ist deshalb erneuter Untersuchung bedürftig. Gelbe Farben, die mit dem Chlorophyllfarbstoffe nichts zu thun haben, giebt es in anderen Theilen der Pflanzen übrigens häufig, und in den gelben Blüthen von *Dahlia variabilis* ist allerdings ein wasserlöslicher, jedenfalls mit den farblosen, kleinen Trophoplasten dieser Organe in keinem Zusammenhange stehender Farbstoff enthalten.

Gelbe und orangefarbige Trophoplasten, in farblosem Zellsafte liegend, finden sich dagegen sehr häufig, so z. B. bei den meisten gelben Compositen- und Ranunculaceenblüthen, bei gelben Cruciferenblüthen, bei *Cucurbita pepo*, bei *Lysimachia vulgaris*, bei *Phlomis fruticosa*.

Zu bemerken ist noch, dass oft an einem Blüthenblatte eine ganze Auswahl der besprochenen Vorkommnisse zugleich auftreten, dass eine Zellgruppe farblose, die andere grüne, eine dritte farbige Trophoplasten neben farblosem oder gefärbtem Zellsafte enthalten kann.

Die Grösse oder besser das Volumen der einzelnen in den Blüthenblättern vorkommenden farbigen Trophoplasten weicht nicht von der bei den Autoplasten und Anaplasten vorkommenden ab. Die sehr kleinen, runden, in wimmelnder Bewegung befindlichen, gelben Körnchen, die manche Autoren (16, 44) angeben, sind wohl immer die Zerstörungsproducte der bei Verletzung der Zellen während der Präparation zerfliessenden Chromoplasten.

Für *Calendula officinalis* (14, p. 172) habe ich mich überzengt, dass dort normale, grosse Trophoplasten vorhanden sind, welche bei Zerstörung des Zellinhaltes leicht in Körnchen zerfallen. Die Gestalt der in den Blüthenblättern vorkommenden Trophoplasten ist häufig eine runde, häufig auch eine schlank spindelförmige. Uebergänge zwischen diesen beiden extremen Formen finden sich übrigens nicht selten in Form weniger gestreckter Chromoplasten, und auch polygonale Formen sind in gleicher Weise wie bei den Autoplasten zu finden. Sowohl die grünen wie die gelben und brangefarbigen Trophoplasten kommen in den Blüthenblättern in diesen verschiedenen Gestalten vor.

Die Chromoplasten können bis zu ihrer definitiven Ausbildung verschiedene Stufen der Entwickelung durchmachen. Sie finden sich meist in ihrem Jugendstadium wie die Autoplasten der Laubblätter als farblose oder schwach grünliche, stärkeführende Trophoplasten, werden dann mehr oder weniger intensiv grün (über die Fähigkeit der Assimilation, welche die Trophoplasten in diesem Zustande besitzen siehe 52, p. 272), behalten grüne Farbe und Stärkeeinschlüsse oft ziemlich lange und färben sich dann schneller oder langsamer, intensiver oder weniger intensiv gelb oder gelbroth. So etwa verhält es sich z. B. bei den Chromoplasten der Haare von *Cucurbita pepo* (44, p. 161), bei den Blüthenblättern von *Tropaeolum* p. 41 d. A.), bei den Blüthenblättern von *Lilium spectabile* und bei den Haaren von *Tradescantia undulata* II. Bpl. (16 p. 377). Die Chromoplasten können aber auch aus farblosen Trophoplasten entstehen, ohne dass sie dazwischen grün werden. Derartige Vorkommnisse sind aber wohl in ihren extremen Fällen ziemlich selten, und die Angaben, welche man findet (z. B. 44, p. 166 für *Aeschynanthus ramosissimus* p. 162, für *Lilium bulbiferum* p. 170), sind nachzuprüfen, da wahrscheinlich in den Fällen, welche im Lichte erwachsene Blüthen betreffen, das oft kurze und schwache Ergrünen häufig übersehen worden ist. Dass dieses Ergrünen übrigens zur Ausbildung der gelben Farbe am Lichte entstehender Chromoplasten nicht nöthig ist, scheint aus den Beobachtungen von SACHS (51, p. 135) hervorzugehen, dass die Ausbildung der gelben Chromoplasten von *Cucurbita* nicht an die Beleuchtung gebunden ist; denn es ist wahrscheinlich, dass im Finstern in diesem Falle keine vorherige Ausbildung von Chlorophyllfarbstoff stattfindet, da die Trophoplasten der Kelchblätter von *Cucurbita* ebenfalls nicht ergrünen (Ueber die Intensität der Färbung im Dunkeln erwachsener Blüthen siehe auch 52, p. 273). Bei denjenigen Pflanzen, welche ihre Blüthen theilweise hypogäisch entwickeln, wird es sich wohl auch meist so verhalten, dass ein Ergrünen der Blüthenblätter vor dem Farbigwerden nicht stattfindet. So ist es z. B. bei *Eranthis hiemalis*. Der gelbe Farbstoff dieser Pflanze ist in den Trophoplasten der Corollenblätter schon entstanden, wenn die Blättchen des Involucrums noch eben so gelb aussehen wie eben entfaltete Blüthenblätter der Pflanze. Lässt man den Farbstoff der im Dunkeln gelb gewordenen Blüthenblätter und den ihrer Involucralblätter gesondert in Weingeist, setzt zu beiden gleich gefärbten Proben Salzsäure und erhitzt, so färbt sich der Blüthenfarbstoff blau, der Blattfarbstoff nicht; ein einfaches Zeichen, dass man es hier schon mit zwei verschiedenen Substanzen zu thun hat.

Ueber die Entwickelung der Form der runden Chromoplasten ist nichts besonderes zu sagen, sie gehen durch gleichmässiges Wachsthum der schon anfangs rundlichen Anlagen hervor wie die runden Autoplasten aus den ihrigen. Dagegen hat die Entwickelungsgeschichte der spindelförmigen Chromoplasten noch einiges Interesse.

Die spindelförmigen Chromoplasten kommen, wie wir schon sahen, in sehr verschiedenen vollkommener Ausbildung vor. Ihre Grösse und die Intensität der Färbung differirt in ähnlicher

Weise wie die der Autoplasten. So finden sich nach WKISS Spindeln von etwa 0,007 bis 0,07 mm Länge
(letzteren z. H. bei *Aeschynanthus ramosissimus*). Dabei besitzen selbst in ein und demselben
Blüthenblatte die Chromoplasten verschiedener Zellschichten oft sehr verschiedene Grösse, und auch
die Form der Spindeln, die Grösse der Streckung, ist nicht immer in den verschiedenen Theilen
eines Blüthenblattes dieselbe, gewöhnlich in der Epidermis und dem Parenchym des Blüthenblattes,
häufig in der Epidermis der Blattunterseite und Oberseite, hier und da sogar in verschiedenen Partieen des Parenchyms verschieden (siehe auch 44, p. 150). Uebrigens ist auch die Zeit, in welcher
Streckung und Färbung der Trophoplasten in den differenten Zelllagen eines Blüthenblattes erfolgt,
häufig ungleich. Aus diesen Angaben geht hervor, dass man, um eine richtige Vorstellung des
Entwickelungsganges der Chromoplasten zu gewinnen, nur eine Zellschicht in ihren verschiedenen
Altersstadien zur Beobachtung benutzen kann, und man nicht eine Entwickelungsreihe aus verschiedenen Zuständen der Trophoplasten verschiedener Zellschichten ein und desselben Blattes zu-
sammenstellen darf. Als ein zweiter Punkt, der bei der Beobachtung der Entwickelungsgeschichte
zu berücksichtigen ist, tritt dann übrigens noch die leichte Zerstörbarkeit der Chromoplasten hinzu.
Ein leichter Druck auf die Zelle, das Umgeben der Zelle mit Wasser oder mit dem Zellsafte der
Nachbarzellen genügt meist, um Quellungs- und Zerstörungserscheinungen an den Chromoplasten
hervorzurufen, welche zu argen Täuschungen führen können. Ich habe solche Fälle bei *Tropaeolum*
erwähnt und abgebildet. Solche Zustände der Zerstörung können übrigens auch im kranken oder
im Zustande der Senescenz befindlichen Zellen der Blüthenblätter auftreten, und es ist daher möglich, dass man hier und da in den Zellen eines sonst gesunden alten Blüthenblattes solche Degra-
dationszustände findet. Deshalb muss man auch, um nicht Zerstörungszustände neben normalen
Entwickelungszuständen zu sehen, nicht solche Blüthen zur Beobachtung wählen, in denen die Chromoplasten eine unbedeutende Rolle spielen; denn dort fällt gewöhnlich der Zeitpunkt der Streckung
und Färbung sehr nahe mit dem Zeitpunkte des Absterbens der Blüthe zusammen. so dass man Stadien der Streckung neben solchen der Zerstörung finden muss (so z. B. schon bei *Himantophyllum
miniatum* im Parenchym des Blüthenblattes).

Giebt man mit den besprochenen Cautelen an die Untersuchung der Entwickelungsgeschichte
der spindelförmigen Chromoplasten der Blüthen. so findet man bald. dass die Anschauung Hof-
MEISTER's (16, p. 377), welcher den Vorgang als eine Wachsthumserscheinung der Trophoplasten
auffasst. in gewisser Weise richtiger ist als die von TRÉCUL, WEISS und KRAUS. welche die Bildung
der Spindeln mehr oder weniger als eine Zerstörungserscheinung der runden Trophoplasten darstellen.
Ich möchte übrigens nicht die Worte HOFMEISTER's gebrauchen, der den Vorgang der Ausbildung
spindelförmiger Chromoplasten als ein »auffallend gesteigertes Längen- oder Spitzenwachsthum« der
gelb gewordenen Chlorophyllkörner bezeichnet (16, p. 377), weil die Formveränderung der farbigen
Trophoplasten, wie die aller Trophoplasten überhaupt, mehr oder weniger unabhängig von dem Wachsthum der Gebilde vor sich gehen kann.

In Wahrheit scheint sich die Sache so zu verhalten, dass sowohl innere als äussere Ursachen
in verschiedenen Altersumständen der Chromoplasten eine Formänderung derselben bedingen, etwa,
um ein weniger anschauliches bezeichnendes Beispiel zu gebrauchen, eine Formänderung. wie man
sie mit einem runden Teigklumpen vornimmt, wenn man ein langes Brod daraus bildet. Ausser
dieser Streckung der farbigen Trophoplasten scheint das Bestreben des hauptsächlich in den Chromoplasten reichlich ausgebildeten Farbstoffes zu krystallisiren eine Rolle bei der Entstehung der ältesten
Ausbildungsstadien der Chromoplasten zu spielen, wie ich erst in Capitel III dieser Arbeit näher
auseinandersetzen kann.

Um wenigstens schon hier zu zeigen, dass die Streckung der Chromoplasten, die der ähnlich
ist. welche wir auch bei den Anaplasten erwähnt haben, bei der Ausformung der Spindeln eine
Rolle spielt, mögen einige darauf bezügliche Thatsachen schon hier Platz finden.

Bei *Lilium spectabile* findet man in der Epidermis der Perigonblatt-Oberseite, in der Mitte des Blattes, dicht neben dem Hauptnerven schon in 3 ctm langen, noch grünlichen Knospen äusserst kleine, fast farblose Trophoplasten, welche meist rund sind und um den Zellkern gelagert auftreten, aber auch schon theilweise, trotzdem sie Stärkekörnchen einschliessen, eine Streckung zeigen. Manchmal ragt aus dem das Stärkekorn umschliessenden kugeligen Trophoplasten nur ein Spitzchen hervor, manchmal liegt das Stärkekörnchen in der Mitte des zweispitzigen Trophoplasten, demselben nur dort dehnend, manchmal liegen mehrere Körnchen in einem unregelmässig geformten jungen Chromoplasten. In 5 ctm langen Blüthenknospen findet man in den analogen Zellen die Trophoplasten noch theilweise etwa 0,003 mm grosse Stärkekörnchen führend und rund, doch stärker ergrünt, theilweise aber schon stärkefrei und spindelförmig. Von jetzt ab wachsen die Trophoplasten nur noch wenig; in 6 ctm grossen Knospen, kurz vor der Entfaltung der Blüthe, finden sich die Trophoplasten fast durchgehends gestreckt, theilweise noch Stärkekörner einschliessend, mehr oder weniger orangefarben und sehr wenig gewachsen. Entfaltete Blüthen führen in den besprochenen Zellen stärkefreie, orangefarbige Trophoplasten, die sehr fein spindelförmig sind und meist mit ihren Längsaxen parallel liegen.

Die Streckung der Trophoplasten erfolgt also hier schon sehr früh und das Wachsthum ist bei Eintritt der Gelbfärbung fast vollendet.

Strelitzia Reginae sei noch erwähnt, weil sie mir ein in vieler Beziehung interessantes Object zu sein scheint. Ich habe leider nur zu alte Stadien untersuchen können, gebe aber meine Beobachtung dennoch, um zur Nachuntersuchung der Entwickelungsgeschichte der Spindeln dieser Pflanze anzuregen.

Ein Blüthenstand von *Strelitzia Reginae*, den ich am 1. Mai untersuchte und dessen erste Blüthe eben aufgebrochen war, besass 4 Blättchen, welche alle schon die orangegelbe Farbe in den äusseren Corollenblättern entwickelt hatten. Dennoch enthielt die Basis der gelben Corollenblätter der jüngsten Blüthe noch kleine, runde, grüne Chlorophyllkörnchen (Fig. 3, *a*), aber auch in manchen Zellen kleine, spindelförmige, grüne Trophoplasten Fig. 3, *a* und *c*. In etwas höheren Partieen desselben Blattes waren alle Trophoplasten spindelförmig und orangefarbig (Fig. 3. *d* und *b*, ebenso in allen gelben Corollenblättern der älteren Blüthen.

Die Umwandelung der runden Trophoplasten in Spindeln erfolgt also schon in sehr jungen Stadien derselben, und man würde deswegen gut thun, die Blüthen schon vor Entfaltung der ersten Blüthe des Blüthenstandes zu untersuchen. *Strelitzia* bietet übrigens ein vorzügliches Beispiel dafür, dass die spindelförmigen Chromoplasten nach ihrer Entstehung, also nach der Streckung und Gelbfärbung, noch sehr stark wachsen können. Vergleicht man nämlich die Spindeln der jüngsten Blüthe mit denen der entfalteten (Fig. 3, *e*), so erkennt man sofort, dass diese sowohl an Grösse als an Intensität der Färbung zugenommen haben (dieselbe Thatsache hat WEISS bei *Aeschynanthus ramosissimus* beobachtet (14, p. 164). Die inneren Corollenblätter von *Strelitzia*, welche im völlig entwickelten Zustande blau gefärbt sind, bieten übrigens ein vorzügliches Beispiel für das Vorkommen des blauen Farbstoffes in körnigen, den Trophoplasten in der Form ähnlichen Massen, welche allenfalls zur Verwechselung mit den Chromoplasten führen könnten.

Die Blaufärbung erstreckt sich hier nur auf die Epidermis der Blüthenblätter und tritt viel später als die Gelbfärbung auf. Die noch farblosen Epidermiszellen enthalten farblosen Zellsaft und sehr kleine farblose Trophoplasten; später füllt sich die Zelle mit kleinen blauen, stark lichtbrechenden Kugeln (siehe 12, Tafel IV, 1,), welche nichts mit den Trophoplasten zu thun haben und halbflüssig zu sein scheinen. Durch Salzsäure werden sie roth gefärbt und fliessen zusammen. Aehnlich scheint es sich bei allen in der Literatur erwähnten blauen Farbstoffkugeln zu verhalten, auch bei den in Früchten vorkommenden. Bezüglich der Früchte haben wir eine gute Untersuchung der Farbstoffkugeln der *Passiflora*-Beeren durch HÖHM (16) erhalten. Unter den in der Literatur angegebenen

2*

Fällen von geformten blauen Farbstoffmassen ist mir nur einer aufgefallen, der vielleicht einer Nachuntersuchung bedürftig wäre. Nach Trécul verändern die grünen Trophoplasten der Früchte von *Atropa belladonna* ihre Farbe in Blau[1]. Beschreibung (13, p. 147 und 160) und Abbildung (13, Pl. 5, Fig. 15) scheinen dafür zu sprechen, dass Trécul's Angaben richtig sind. Dennoch könnte hier eine andere Ursache der Farbenänderung vorliegen. Wenn man nämlich Zellen, welche einen roth oder blau gefärbten Saft enthalten, tödtet, so färbt sich der vorher farblose Zellkern meist sofort intensiv in der Farbe des Zellsaftes, und eine solche Färbung könnte auch in den Metaplasten verletzter Zellen eintreten, wenn dieselben, wie bei *Atropa belladonna*, in gefärbtem Zellsafte liegen.

Was sonst die Metaplasten der Pericarpien anbelangt, so liegen die Dinge bezüglich aller bei Besprechung der Chromoplasten der Blüthenblätter erwähnten Verhältnisse ganz ähnlich wie dort. Eine gute Beschreibung der Entwickelung der runden Chromoplasten von *Capsicum annuum* findet man bei Weiss (44, p. 173). Für die Entwickelungsgeschichte spindelförmiger Chromoplasten besitzen wir durch Kraus (15) eine Beschreibung der Chromoplasten von *Solanum Pseudocapsicum*. Schon aus den Angaben des Verfassers, bezüglich deren ich auf das Original verweisen muss, scheint hervorzugehen, dass auch bei dieser Frucht wie bei den Blüthenblättern die Ausbildung der Spindeln wahrscheinlich hauptsächlich auf einfacher Streckung der Chlorophyllkörner beruht, und dass der Schluss, die Spindeln entständen nur durch Zerreissen der runden Chlorophyllkörner durch in ihnen den Ursprung nehmende Vacuolen, auf der Zusammenstellung ganz verschiedener, zu einander in keiner Beziehung stehender Zerstörungserscheinungen und seltener Ausbildungsformen der Chromoplasten zu einer falschen Entwickelungsreihe basirt. Eine Nachuntersuchung unter Beobachtung der auf p. 10 d. A. angegebenen Vorsichtsmassregeln kann natürlich hier allein für oder gegen meine Ansicht entscheiden, und da mir diese Nachuntersuchung aus Mangel an Material jetzt unmöglich ist, so enthalte ich mich jeder weiteren Kritik der Arbeit von Kraus, verweise vielmehr auf meine Schilderung der Verhältnisse bei *Sorbus aucuparia*, p. 45 d. A. Es sei übrigens darauf aufmerksam gemacht, dass vorzüglich die seltener vorkommenden unregelmässig gestalteten Formen der Chromoplasten von *Solanum Pseudocapsicum*, wie sie für andere Fälle z. B. auch Weiss (44, Taf. 1, Fig. 8, *g* und Fig. 6, *d* und *b*. abbildet, bezüglich ihrer Entwickelungsgeschichte nochmals speciell zu untersuchen wären. Die letzteren Formen entstehen nach Weiss (44, p. 164) in der Weise, dass die jungen Trophoplasten zuerst durch Stärkekörner, welche in ihnen wachsen, gedehnt werden, dass dann die Stärkekörner der Auflösung anheimfallen, und dass die so entstehenden kleinen, gedehnten Trophoplasten beim weiteren Wachsen ihre Form nicht mehr ändern. Ist diese Beobachtung richtig, so liegt hier der gleiche Fall für die Chromoplasten vor, wie ich ihn für die Anaplasten bei *Canna* beschrieben habe (p. 36 d. A.).

Nach den vorhergehenden Betrachtungen über die Trophoplasten der Angiospermen wird es wohl keines weiteren Beweises bedürfen, dass die Anaplasten und Chromoplasten in morphologischer Hinsicht mit vollem Rechte als reelle Metamorphosen der Autoplasten bezeichnet werden dürfen.

Diese hier zuerst exact formulirte Anschauung hat den grossen Vorzug, dass sie die Aufmerksamkeit der Forscher mehr dem Organe zulenken muss und den Farbstoff, welcher das Organ färben kann, als etwas erst in zweiter Linie wichtiges hinstellt. Die einseitige Bevorzugung des Farbstoffes gegenüber dem Organe hat aber meiner Ansicht nach die Beurtheilung der vorliegenden

---

[1] Nachträglich hatte ich Gelegenheit mich zu überzeugen, dass die Trophoplasten der Beeren von *Atropa belladonna* ihre schön grüne Farbe auch nach der völligen Reife und Schwarzfärbung der Früchte behalten, eine Blaufärbung dieser Trophoplasten aber durchaus nicht eintritt. Die Farbe der Beere rührt wie bei noch einigen anderen Fällen blauschwarzer Beeren, die ich im Herbste untersuchte, von einem blauen, anfangs im Zellsafte gelösten Farbstoffe her, welcher sich später theilweise auch in Körnern oder Klumpen ausscheidet.

Fragen in einer nicht gerade vortheilhaften Weise beeinflusst, und es ist vorauszusehen, dass das Studium der Trophoplasten, von dem hier entwickelten Standpunkte aus, mancher Frage eine andere Richtung geben muss.

Die nachfolgenden Capitel enthalten einige in diesem Sinne unternommene Untersuchungen, welche zur Stütze der von mir ausgesprochenen Ansichten dienen mögen und zugleich den Boden für eine noch klarere und einfachere Ausdrucksweise der bezüglich der Trophoplasten vorliegenden Verhältnisse, wie ich sie im letzten Capitel versucht habe, bilden sollen.

Capitel II.

Ueber den Bau und die Bestandtheile der Autoplasten.

Seit 1837, seit der Zeit, in welcher Mohl (18) aussprach, dass die Chlorophyllkörner aus einer mit Jod sich gelb färbenden, immer vorhandenen, in Alkohol und Aether unlöslichen, die Form des Chlorophyllkornes bestimmenden (seiner Proteinverbindung?) und einer grün gefärbten, in Alkohol und Aether auflöslichen Substanz beständen, haben sich unsere Kenntnisse über die chemischen Individuen, welche das Chlorophyllkorn aufbauen, in nicht gerade hervorragender Weise bereichert.

Nur die bestimmt formulirte Anschauung Sachs's, dass die Grundmasse aller Autoplasten als Protoplasma aufzufassen sei welche derselbe zuerst 1862 (20, p. 133' aussprach und später (21, p. 193) durch eine Reihe von Reactionen zu stützen suchte, hat dazu beigetragen, dass man sich diese Grundmasse mehr und mehr als eine fein organisirte Substanz dachte, und so unsere Vorstellungen über die Natur der Chlorophyllkörner wohl der Wahrheit näher gebracht.

In Bezug auf den Bau der Chlorophyllkörner beschäftigte ferner eine Zeit lang die Frage, ob die Chlorophyllkörner eine Membran besässen, die Forscher, bis Mohl., sich hauptsächlich gegen Nägeli, welcher die Chlorophyllkörner als Bläschen betrachtete, wendend, vorzüglich in einem Aufsatze (19), welcher 1855 erschien, nachwies, dass die Autoplasten membranlos seien.

Ich habe die Frage nochmals geprüft und bei der Untersuchung der Wirkung des Wassers auf die Chlorophyllkörner auch darauf geachtet, ob das umgebende Protoplasma an den Stellen, welche die Chlorophyllkörner berühren, eine dichtere Structur besitzt, jedoch mich schliesslich überzeugt, dass auch hier kein Unterschied zwischen der Beschaffenheit der dem Chlorophyllkorne direct anliegenden Protoplasmapartieen und zwischen etwas weiter vom Autoplasten entfernten zu constatiren ist, so dass das Chlorophyllkorn vom Protoplasma umflossen erscheint, welches bei einer vom Autoplasten ausgehenden Vacuolenbildung oder bei einer Quellung des Chlorophyllkornes passiv zusammengedrückt wird, seinerseits aber auch bei einer in ihm vor sich gehenden Contraction einen Druck auf das Chlorophyllkorn ausübt, bei seiner Quellung sich von dem Autoplasten entfernt, wenn der letztere selbst seine Grösse nicht ändert. Die stark lichtbrechende Haut, welche sich bei der Quellung des Protoplasma von dem Chlorophyllkorne abhebt, ist ein Kunstproduct und in der intacten Zelle nicht vorhanden. Wäre sie eine ursprünglich vorhandene Hülle dichteren Plasmas, so müsste sie bei einer durch die Quellung des umgebenden Plasma oder durch endosmotische Wirkungen erfolgenden Ausdehnung dünnwandiger werden, was nicht stattfindet.

Auch bezüglich der Thatsache, dass im Autoplasten geformte Körper vorkommen, welche sich durch ihre chemischen und physikalischen Reactionen von der grünen Substanz des Chlorophyllkornes unterscheiden, hat Mohl die wichtigsten Mittheilungen gemacht. Ausser der Stärke, dem verbreitetsten dieser in Körnerform vorkommenden Körper, wurden hauptsächlich von diesem Forscher auch körnige Einschlüsse anderer Natur im Chlorophyllkorne erkannt. Er spricht an einer Stelle (19, p. 110) klar aus, dass die kleinen Körnchen, welche häufig in stärkefreien Chlorophyllkörnern vorkommen, und welche er früher für Stärke gehalten hätte, keine Stärke seien, da sie sich durch Jod bräunten, und führt *Clicia nobilis* als eine Pflanze an, in welcher diese Körnchen schön ausgebildet vorkommen. Ebenso hat Böhm (27, 1856) diesen Körnern einige Aufmerksamkeit geschenkt, allerdings leider in seiner Darstellung die Angaben höchst allgemein und unklar gehalten und keine speciellen Beispiele beschrieben. Bei der guten Methode, welche Böhm zum Nachweis der Stärke benutzte, sind aber seine Angaben immer zu berücksichtigen, da eine Verwechselung der Körner mit Stärkekörnchen, wie sie bei Mohl noch vorkommen konnte, bei Böhm ausgeschlossen ist. Böhm unterscheidet Chlorophyllkörner, deren Einschlüsse sämmtlich Amylum sind, solche welche Amylumkörner und andere Körnchen enthalten (wofür er kein Beispiel anführt, und solche Autoplasten, welche nur Körnchen anderer Natur einschliessen. Amylumfrei sind z. B. nach Böhm *Asphodelus luteus*, *Allium fistulosum*, *Orchis militaris*, *Lactuca sativa*. Dabei gibt Böhm an, dass die stärkefreien Autoplasten immer Körnchen enthalten (27, p. 506) und führt als Beispiel für ein stärkefreies Chlorophyllkorn, welches Körnchen führt, *Asphodelus luteus* an, wenn ich den Sinn der Stelle recht verstehe. [Hoymeister fasst den Sinn dieser Stelle wie ich auf, Sachs (23, p. 326) versteht dieselbe anders.]

Ueber die chemische Natur der Nichtamylumkörnchen sagt Böhm folgendes (27, p. 500):

»Die chemische Natur dieser kleinen Nichtamylumkörnchen muss für jetzt dahingestellt bleiben; vielleicht sind sie dem Inulin, vielleicht dem Paramylum verwandt. Sie sind unlöslich in Wasser, unveränderlich in mässig concentrirter Schwefelsäure. Ein in Weingeist ausgezogenes Blatt von *Lilium Martagon* und *Asphodelus luteus* zeigte selbst nach vierwöchentlicher Behandlung mit dieser Säure die der Form nach fast unveränderten Chlorophyllkörner. Durch längeres Liegen der Blätter in Kalilauge werden die Körnchen zerstört«.

1856 hat Nägeli bei *Rhipsalis funalis* Salm (23, p. 400 ausser den 2—6 Stärkeeinschlüssen und zugleich mit diesen in jungen Chlorophyllkörnern 4—6 relativ grosse (Tf. XX, Fig. 53, 55, 56), stark lichtbrechende Kugeln gefunden, welche nach 24stündigem Liegen in absolutem Alkohol verschwinden. Wasserreiche Jodtinctur färbte sie gelblich (23, p. 54). Diese Oeltröpfchen, wie sie Nägeli nennt, werden später nach aussen gedrängt und bilden rundliche Anhänge mit dunkeln Conturen.

Oeltröpfchen allein gibt Nägeli für die Chlorophyllkörner der subepidermalen Zellschicht des Stengels von *Cereus variabilis* an. Diese Autoplasten enthalten 1—20 glänzende Kügelchen, welche sich bei Behandlung mit absolutem Alkohol, der die Chlorophyllkörner entfärbt, lösen. Man erkennt dies erst nach Behandlung der mit Alkohol extrahirten Körner mit Wasser. Statt der Körner sieht man röthlich (?) erscheinende Höhlungen. Jod gibt keine Violett- oder Blaufärbung.

Sachs hat nun ferner 1862 (20 die damals über die Einschlüsse der Chlorophyllkörner bekannten Daten zusammengefasst und sagt (20, p. 166): »Nach dem jetzigen Stande unserer Kenntnisse können wir dreierlei Einschlüsse in den Chlorophyllkörnern annehmen,

1) Körner von unbekannter Natur bei *Allium*, *Asphodelus* nach Böhm';

2) Stärkekörner in den allermeisten Fällen :

3 Oeltröpfchen nach Nägeli.

Nägeli's Angaben über das Vorkommen von Oeltröpfchen in Chlorophyllkörnern verdienen weitere Aufmerksamkeit, weil sie zeigen, dass die Stärke schon am Orte ihrer ursprünglichen

Entstehung durch fettes Oel vertreten werden kann, wie bei dem Reifen vieler Samen, wo die Stärke erst zuletzt in Oel übergeht, während umgekehrt das Oel bei der Keimung wieder in Stärke umgewandelt wird«.

Die Hypothese Nägeli's, dass die Körner Oel seien, hat also hier durch Sachs eine Erweiterung erfahren, indem Sachs annimmt, dass das hypothetische Oel »fettes Oel« ist, und dass es dieselbe Beziehung zu den Autoplasten hat wie die Stärke.

Ausser den genannten Körpern führt übrigens Sachs [20, p. 166] noch eine weitere Substanz, als in den Autoplasten vorkommend, an. Er sagt: »Auch ich fand im Chlorophyll der Spaltöffnungszellen an den Cotyledonen von *Acer Pseudoplatanus* Körner, welche nach meiner Behandlung (verbesserte Böhm'sche Stärke-Reaction) nicht blau, sondern roth wurden, also kein Amylum sein konnten. Die Nichtamylumkörnchen Böhm's werden von Hoffmeister 1867 (16, p. 374) nochmals erwähnt. Sachs sagt 1865 (23, p. 326), dass bei *Allium Cepa* gar keine körnigen Einschlüsse vorkommen. Auch bei Weiss (44, p. 161), 1866, findet sich einiges über Körnchen der Autoplasten.

In neuerer Zeit (1873) hat Briosi in den Chlorophyllkörnern der Blätter von *Strelitzia*- und *Musa*-Arten, vorzüglich in älteren Blättern (53, p. 532), stark lichtbrechende Körnchen nachgewiesen. Er sagt von denselben (p. 532): »Die Chlorophyllkörner zeigen im Wasser gewöhnlich zuerst nur eine feine Punktirung, aber unter verlängerter Wirkung des Wassers deformirt sich zum Theil das Chlorophyll, die Körner verlieren mehr oder weniger ihre ursprüngliche Gestalt, und in denselben treten nun klar einige grosse, oder wenige kleine stark lichtbrechende Kügelchen hervor, viel schwächer gefärbt als die grüne Chlorophyllsubstanz, in welcher sie sich befinden. Setzt man absoluten Alkohol oder Aether zu, so lösen sich die im Zellenprotoplasma freiliegenden Oeltropfen, die Chlorophyllkörner entfärben sich und die inneren glänzenden Kügelchen erscheinen oft in grosser Zahl und sehr schön, um dann schliesslich ebenfalls zu verschwinden, wenn die Wirkung des Reagens fortdauert«. Briosi findet also, dass die Körnchen der Chlorophyllkörner erst durch Wasser zum Vorschein kommen. Er erklärt sich diese Thatsache folgendermaassen (p. 546): »Es scheint, dass also hier das Oel zwischen den Protoplasma-Molekülen des Chlorophylls gleichmässig vertheilt ist, so dass die Chlorophyllkörner im normalen Zustande aus einer homogenen Masse bestehen, die nur, wenn sie mit Wasser oder anderen passenden Reagentien in Berührung kommt, das Oel frei in Tröpfchen zusammenfliessen lässt —«.

Dass man auch die von Briosi ziemlich vorsichtig, wenigstens in der Ueberschrift, als »fettartige Substanz« bezeichneten Körper sofort für ein echtes fettes Oel angesprochen hat, geht aus Holle's und Godlewski's Fragestellung (siehe auch Pringsheim 45, p. 91) hervor. Uebrigens hat Godlewski 54) nachgewiesen, dass neben dem sogenannten Oele auch Stärkekörner in den Chlorophyllkörnern der Musaceen auftreten, wenn die Verhältnisse für die Assimilation recht günstig liegen und Holle (55), dass die Körnchen nicht verschwinden, wenn man die Pflanze längere Zeit verdunkelt.

Das sind die Kenntnisse, welche wir über Bau und Bestandtheile der Autoplasten aus der älteren Literatur schöpfen können. In neuester Zeit haben hauptsächlich Frommann (22) und Pringsheim (24) sich mit dem Baue und den Bestandtheilen der Autoplasten beschäftigt.

Eine Besprechung von Frommann's Arbeiten wäre werthlos; sie sind ohne Kenntniss der gewöhnlichsten anatomischen Thatsachen und unter Anwendung einer aussergewöhnlichen Phantasie entstanden; wer sie lesen will, wird nach Pringsheim's und nach meinen Angaben die Thatsachen leicht wieder erkennen, welche Frommann zu seinen Anschauungen verleitet haben könnten. Die Vorstellungen, welche sich Pringsheim nach langer Beschäftigung mit den Autoplasten über deren Bau und Bestandtheile gebildet hat und die Beobachtungsmethoden, durch welche er zu diesen Anschauungen gelangt ist, müssen wir dagegen berücksichtigen.

Betrachten wir vorerst dasjenige aus Prinsgheim's Abhandlung, was auf die Natur der den Autoplasten zusammensetzenden Körper Bezug hat. so sind zuerst einige von Prinosheim eingeführte Reactionsmethoden von Interesse für uns und sollen kurz besprochen werden.

Prinosheim lässt einmal feuchte Wärme auf intacte chlorophyllhaltige Zellen einwirken und bekommt dann, wenn eine bestimmte, für verschiedene Gewebe verschieden hohe Temperatur inne gehalten wird, stets eine Ausscheidung grün gefärbter, in Alkohol und Aether löslicher Tropfen aus den Autoplasten (24, p. 294). Ferner behandelt Prinosheim die Autoplasten mit verdünnter Salzsäure 'oder wendet auch Mischungen von 1 Vol. [?] Pikrinsäure auf 3—6 Vol. Wasser, 1 Vol. Eisessig auf 2—4 Vol. Wasser, 1 Vol. Schwefelsäure auf 20—40 Vol. Wasser [24, p. 314 an'] und erhält dadurch folgende Reaction (24. p. 294). Die Autoplasten verändern zuerst ihre Farbe, dann scheiden sich unregelmässig geformte grüne oder bräunlichgrüne Tropfen aus, an welchen später, d. h. nach einigen Stunden bis nach mehreren Monaten, meist braun gefärbte krystallinische Massen auftreten, welche nach Prinosheim hier und da auch farblos werden können (24. p. 300); Aether, Benzol, Schwefelkohlenstoff, Petroleumäther und Alkohol lösen dieselben; in Wasser sind sie unlöslich.

Die letztere Reaction, d. h. die Ausbildung der krystallinischen Massen durch Salzsäure, unterbleibt an den Autoplasten unter folgenden Umständen.

1) Wenn man die Zellen vorher mit Wasser auf eine für die verschiedenen Pflanzen verschiedene Temperatur erhitzt hat (24, p. 307);

2) wenn man die Autoplasten durch mittels einer Linse concentrirtes Sonnenlicht ganz oder nur halb gebleicht hat (24, p. 361);

3 wenn man von Natur sehr hellgrüne Autoplasten zur Reaction benutzt (24, Fig. 9. Taf. XXIII', wie die von Finsterkeimlingen, welche man vorsichtig bei geringer Lichtintensität ergrünen liess (18, p. 113);

4) wenn eine kranke Zelle mit Salzsäure behandelt wird (24, p. 310).

Als dritte interessante Reactionsmethode mag zuletzt die Behandlung der Autoplasten mit concentrirtem Sonnenlichte (24, p. 314) angeführt werden, welche gestatten soll (24, 327' einzelne Autoplasten in der lebenden Zelle zu tödten, zu entfärben und zu härten. Diese Methode hat auch das interessante Resultat gebracht, dass die Umsetzung des grünen Farbstoffes der Autoplasten in farblose Verbindungen unter dem Einflusse des Lichtes ein Oxydationsprocess des Farbstoffes zu sein scheint, da nur bei Gegenwart, nicht bei Abwesenheit, von Sauerstoff die Entfärbung der Autoplasten durch concentrirtes Sonnenlicht zu erreichen ist. Ich selbst habe letztere Reactionsmethode nicht aus eigner Anschauung kennen gelernt.

Prinosheim zieht nun hauptsächlich aus diesen angegebenen Reactionen den Schluss, dass ausser dem Chlorophyllfarbstoffe noch ein fettartiger Körper, das Lipochlor (18, p. 114) und ein flüssiger, ölartiger Stoff (18, p. 309 und 311,, das Hypochlorin (24, p. 294), das unlösliche Gerüste der Autoplasten durchtränken.

Halten wir fest, dass wir nur dann einen an oder in dem Autoplasten durch das Mikroskop erkennbaren Körper als einen von dem Chlorophyllfarbstoffe verschiedenen Stoff anzusehen berechtigt sind, wenn wir an demselben Eigenschaften entdecken, welche mit denen im Widerspruch stehen, die dem Chlorophyllfarbstoffe bisher zugeschrieben wurden: dass wir aber, bei unserer geringen Kenntniss der Eigenschaften des Chlorophylls, noch nicht einmal dann befugt sind, einen neuen Stoff neben dem Chlorophyllfarbstoffe anzunehmen, wenn wir an dem grün gefärbten löslichen Bestandtheile des Autoplasten Eigenschaften bemerken, welche uns bisher am Chlorophyllfarbstoffe fremd waren; so finden wir, dass Prinosheim durchaus nicht berechtigt ist aus den von ihm mitgetheilten Thatsachen auf die Existenz des Lipochlor zu schliessen, dass er auch nicht im geringsten das Recht hat zu sagen (48, p. 114): »Die Existenz des Lipochlors in den Chlorophyllkörnern ist jetzt nachgewiesen.«

Alles, was wir über diesen Lipochlor, den Träger des Farbstoffes, erfahren, ist folgendes. Erwärmt man Gewebe mit Wasser und lässt dann Salzsäure darauf einwirken, so treten grüne Tropfen aus, die später bräunlich aber nicht krystallinisch werden (21, p. 309); diese Tropfen sind nach Pringsheim Lipochlor.

Weshalb sind sie kein Chlorophyllfarbstoff?

Erwärmt man Gewebe mit Wasser, so treten farbige Tropfen aus den Chlorophyllkörnern (24. p. 190); Pringsheim sagt, dass diese Tropfen nicht nur aus dem grünen Farbstoffe bestehen, sondern, »wie schon der unmittelbare Augenschein lehrte aus einer öligen Grundlage — dem Träger des Farbstoffes —, der diesen selbst und die ihn begleitenden Substanzen in Lösung hält.

Aus dem unmittelbaren Augenscheine kann hier, meiner Meinung nach, nichts geschlossen werden, weil man dann doch **mindestens** erst wissen müsste, wie der Chlorophyllfarbstoff unter gleichen Verhältnissen aussieht.

p. 292 der citirten Prinsgheim'schen Arbeit (24) lesen wir zuletzt, dass das Lipochlor in seiner Mischung mit dem Chlorophyllfarbstoffe, in welcher uns Prinsgheim diesen hypothetischen Körper stets vorführt, vollständig in starkem Alkohol und Aether löslich ist.

Die Löslichkeit in Aether und Alkohol ist ja aber eine bekannte Eigenschaft des Chlorophyllfarbstoffes und bietet deshalb ebenfalls keinen Grund für die Annahme der Existenz des Lipochlor.

Das ist alles, was uns Prinsgheim an Thatsachen über sein Lipochlor mittheilt, und ich denke, dass wir danach berechtigt sind, die Annahme der Existenz dieser Substanz zu den Hypothesen zu rechnen, und da diese Hypothese zur Erklärung keiner Thatsache nöthig ist, auch berechtigt sind, diese Hypothese von nun an nicht weiter zu berücksichtigen.

Auch das Hypochlorin ist ein hypothetischer Körper. Prinsgheim versteht darunter, wie man aus dem ganzen Gedankengang seiner Abhandlung ersehen kann, und wie auch Prinsgheim an einer Stelle ziemlich klar ausspricht (24, p. 300), eine Prinsgheim selbst unbekannte Substanz, aus welcher bei Einwirkung von Salzsäure die schon besprochenen braunen Krystalle, Nadeln und Fäden entstehen. Die grünen oder braunen Massen, an welchen die Krystalle auftreten, sind Prinsgheim ein Gemisch von Farbstoff mit Lipochlor (24, p. 309 und Fig. 7, 10, 11, 12, Taf. XXV).

Wir wollen versuchen, ob es uns gelingt, den hypothetischen Körper Prinsgheim's, das Hypochlorin, dessen Existenz sich durch die Salzsäurereaction verräth, aufzufinden.

Lässt man Salzsäure in der von Prinsgheim angegebenen Weise auf chlorophyllhaltige Zellen einwirken, so tritt die Reaction derselben bei den verschiedenen Geweben langsamer oder schneller, deutlicher oder undeutlicher ein, wahrscheinlich je nach den Stoffen, welche im Inhalte der Zellen vorkommen und wohl auch je nach der specifischen Eigenthümlichkeit des betreffenden Autoplasten; in der Hauptsache reagiren aber alle chlorophyllhaltigen Zellen gleich und zwar etwa so, wie ich es hier für die Zellen eines flachen Tangentialschnittes von einem Blatte der Iris germanica beschreiben will. Die Autoplasten werden bei Zusatz von Salzsäure sofort mehr gelbgrün, dann treten langsam grüne Tröpfchen (Fig. 5 g) aus denselben aus, während zugleich an einzelnen Stellen braune krystallinische Massen Fig. 5 c, meist an einem Autoplasten zu wachsen beginnen. Währt die Einwirkung der Salzsäure noch länger fort, so entfärben sich die Autoplasten mehr und mehr, zuletzt völlig, und die braunen Massen wachsen oft so, dass sie grösser als ein einzelnes Chlorophyllkorn erscheinen. Die braunen krystallinischen Massen, die Hypochlorinkrystalle Prinsgheim's, sind also von den grünen Tropfen wohl zu unterscheiden.

3

18

Die grünen Tropfen eines nicht zu lange Zeit mit Salzsäure behandelten Schnittes lassen sich aber ebenfalls sofort in braune Krystalle verwandeln, wenn man reinen Eisessig zu dem vorher mit Filtrirpapier abgetrockneten Schnitte zufügt. Spätestens nach einer halben Stunde findet man dann alle grünen Tröpfchen gelöst, und dafür sieht man zahlreiche, meist schön ausgebildete, braune Nadeln im Schnitte vertheilt.

Die Nadeln bestehen, wie wir sehen werden, aus derselben Substanz wie die Hypochlorinkrystalle, welche bei der Behandlung mit kaltem Eisessig ungelöst bleiben, und wir haben so in der Eisessigmethode ein sicherer und schneller wirkendes Mittel zur Erzeugung der Hypochlorinkrystalle. Legen wir frische Schnitte des Irisblattes unter ein Deckglas, lassen Eisessig zufliessen und beobachten nun unausgesetzt, so sehen wir innerhalb einiger Minuten, vorzüglich in etwas tiefer im Schnitte liegenden Zellen, wohin die Säure langsam dringt, gleichmässig grosse Tröpfchen aus dem Autoplasten austreten, welche sich oft zu grösseren Tropfen vereinigen, und sich dann zu einer gelblichgrünen Flüssigkeit lösen, aus welcher meist innerhalb der Zelle grössere oder kleinere braune Krystalle (Fig. 4) ausschiessen, während die Flüssigkeit selbst immer farbloser wird. Schliesslich sieht man neben dem verquollenen Zellkerne nur noch die Krystalle in den Zellen des Schnittes. Es bleibt übrigens von jedem Autoplasten ein geformter Rest, der nur zu verschwinden scheint, weil er stark verquillt, und weil die Lichtbrechung seiner Substanz der der Essigsäure sehr ähnlich wird. Da die Menge der entstehenden Krystalle eine relativ grosse, augenscheinlich der Masse nach nicht geringer als diejenige der aus den Autoplasten dringenden Tröpfchen ist, so scheint mir der Schluss, dass sich die grünen Tropfen, nach ihrer Lösung durch den Eisessig, in eine nahe verwandte, aber schwerer in Eisessig lösliche Substanz von brauner Farbe verwandeln, und dass sich diese in Form von Krystallen ausscheidet, der einfachste zu sein, den man machen kann.

Die Eisessigreaction gelingt zwar sehr leicht, aber, wie die Salzsäurereaction, auch nicht unter allen Verhältnissen. Der Eisessig löst z. B. nicht nur die grünen Tropfen, sondern auch die Hypochlorinkrystalle (allerdings viel schwerer als die ersteren, und man muss deshalb einen Ueberschuss des Eisessigs vermeiden, wenn man Krystalle erhalten will. Lässt man auf dickere Schnitte der Irisblätter Eisessig einwirken, so treten gewöhnlich in und über den verletzten Zellen des Schnittes kleine Krystalle auf, obgleich sich die Autoplasten dieser Zellen entfärben. Hier wirkt der Ueberschuss des Eisessigs lösend und führt die gelöste Substanz hinweg.

Wendet man auf einen sehr zarten und kleinen Schnitt des Irisblattes nur eine Spur Eisessig an, und drückt man das Deckglas fest auf, so erhält man in jeder Zelle Krystalle; fügt man zu einem kleinen Schnitte, welcher neben einem dickeren Glasfaden unter dem Deckglase liegt, relativ viel Eisessig, so entfärben sich alle Zellen, ohne dass Krystalle auftreten.

Kocht man Schnitte der Irisblätter 15 Minuten lang mit Wasser, so erhält man die Reaction, wahrscheinlich aus verschiedenen Gründen, sehr schwierig. Einestheils ist durch das Kochen die Substanz, welche bei der Einwirkung des Eisessigs als grüne Tropfen austrat, theilweise gelöst, was man daraus schliessen kann, dass die Zellkerne der erhitzten Zellen grün gefärbt erscheinen; anderntheils ist durch das Kochen diese Substanz wahrscheinlich verändert.

Nach halbstündigem Erhitzen der Schnitte auf 80° C. lassen sich noch kleine braune Krystalle durch Eisessig herstellen, allerdings nur schwierig. Erhitzt man die Schnitte des Irisblattes etwa eine halbe Stunde lang auf 100° C., so sieht man bei Behandlung derselben mit kaltem Eisessig die grünen Tropfen zum grössten Theil ungelöst bleiben, und es findet keine Entstehung brauner Krystalle statt, selbst wenn man den kalten Eisessig eine Stunde einwirken lässt; kocht man aber die Schnitte hierauf mit Eisessig, so lösen sich die grünen Tropfen nach und nach, und es treten dann nach dem Erkalten der Lösung braune Krystalle auf, deren Menge jedoch geringer zu sein scheint als die, welche man eventuell aus demselben Schnitte durch kalte Essigsäure erhalten haben würde. Wir finden also hier ähnliche Verhältnisse wie bei der Salzsäurereaction, die ja nach Pringsheim (siehe p. 16 d. A.) auch bei vorherigem Erhitzen der Schnitte in Wasser ausbleibt, und mit kranken Zellen nicht zu erhalten ist.

Auch Frank's Angabe (26, p. 13), die dieser Autor selbst und Wiesner (49, p. 5) auf rationellem Wege zu erklären versuchen, dass mit verletzten Zellen die Reaction nicht zu erhalten sei, gehört hier her.

Die durch kalten Eisessig entstandenen Hypochlorinkrystalle sind, wenn sie aus sehr kleinen, aus ein paar Zellen bestehenden Schnitten mit einer Spur Eisessig dargestellt werden, meist sehr klein, aber doch schön nadelförmig ausgebildet; wendet man grössere Schnitte an, so wachsen die Krystalle oft innerhalb der Zelle erheblich (Fig. 4, a), noch mehr wachsen sie ausserhalb der Zellen (Fig. 4, b). Sie sind nicht selten schön nadelformig und gerade ausgebildet, häufig gebogen, oft vielfach geschlängelt, vorzüglich, wenn sie sehr gross werden. Sie besitzen etwa die Consistenz frischen Bienenwachses, sind braun gefärbt und ziemlich transparent.

Mit einiger Vorsicht kann man sie unter dem Deckglase umkrystallisiren. Erhitzt man nämlich einen Schnitt, welcher durch kalten Eisessig völlig entfärbt und mit Krystallen angefüllt ist, mit Eisessig, so dass der letztere beinahe siedet, so lösen sich die Krystalle und schiessen dann meist als Drusen gerader Nadeln, welche relativ dunkel gefärbt erscheinen, beim Erkalten des Schnittes wieder an (Fig. 7).

Die aus kaltem Eisessig erhaltenen Krystalle verhalten sich gegen Reagentien (siehe p. 28 d. A.) folgendermassen:

1) Eisessig löst kalt nur sehr wenig, heiss leicht;

2) Wasser löst kalt nicht; kochendes Wasser treibt Tröpfchen aus den Krystallen und zerstört die Form der Krystalle;

3) Glycerin verändert in der Kälte nicht;

4) Alkohol (absoluter!) löst kalt völlig, aber sehr langsam;

5) Chlorallösung löst die Krystalle, ohne dass vorher bemerkbare Quellung derselben eintritt; nach der Behandlung der Krystalle mit Chloral bleibt ein Tröpfchen ungelöst (Fig. 6k und o); das Tröpfchen ist in Alkohol löslich.

6) Aether löst sofort;

7) Petroleumäther löst langsam;

8) Chloroform löst schnell;

9) Ricinusöl löst nur beim Erhitzen;

10) Kaliumhydroxydlösung löst weder in concentrirtem noch in verdünntem Zustande;

11) Concentrirte Salzsäure schmilzt die Krystalle zusammen und lässt einen grossen braungrünen Tropfen zurück;

12) Quecksilberchloridlösung (wässrige) bewirkt bei 24stündiger Einwirkung, dass sich die Krystalle dann nicht mehr in Alkohol lösen; in Aether lösen sie sich dann langsam, in Chloral schnell, ohne Rückstand;

13) Osmiumsäure härtet die Krystalle bei 24stündiger Einwirkung so, dass sie danach weder in Chloral noch in Alkohol oder Aether löslich sind;

14) Brom entfärbt die Krystalle sehr schnell, wenn man sie mit Wasser befeuchtet in einen bromdampfhaltigen Raum bringt; dabei werden die Krystalle, wenn die Einwirkung etwas energisch ist, vacuolig (Fig. 8).

15) Die spectroskopische Prüfung einer Lösung der Krystalle in Ricinusöl, welche Lösung man sich herstellt, indem man einen mit Eisessig behandelten Schnitt des Irisblattes, dessen Chlorophyll gänzlich verschwunden und in braune Krystalle übergegangen ist, mit einem kleinen Tropfen Oel erhitzt, ergibt ein Spectrum, welches hauptsächlich dadurch von dem einer frischen weingeistigen

2*

Lösung des Chlorophylls abweicht, dass die beiden Bänder zwischen *D* und *F* des Sonnenspectrums relativ sehr dunkel und breit sind.

Ziemlich gleich wie die mit kaltem Eisessig erhaltenen, eben charakterisirten Krystalle, verhalten sich diejenigen, welche man durch Umkrystallisiren der ersteren aus heissem Eisessig (Fig. 7) darstellt; doch scheint Alkohol, Salzsäure und Eisessig etwas weniger energisch auf sie einzuwirken, und die Salzsäure lässt oft neben den relativ grossen, dunklen tropfenförmigen Resten, die beim Zusammenschmelzen der Krystalle bleiben siehe Reaction 11', noch farblose Tropfen aus den letzteren entstehen.

Auch die nach Pringsheim's Methode an den Autoplasten der Irisblätter bei Behandlung derselben mit Salzsäure auftretenden braunen Krystalle, die Hypochlorinkrystalle Pringsheim's, zeigten sich gegen conc. Salzsäure und gegen Alkohol etwas widerstandsfähiger, verhielten sich aber sonst völlig wie die durch kalten Eisessig erhaltenen Krystalle. Die bei Reaction 2 und 5 durch gesperrten Druck hervorgehobenen Versuche wurden mit Pringsheim's Krystallen nicht angestellt, weil diejenigen Krystalle, welche ich erhielt, dazu zu klein waren; ebenso musste ich die spectroskopische Prüfung unterlassen, weil es mir nie gelang durch Salzsäure alle gefärbte Substanz einer Zelle in deutliche Krystalle überzuführen. Es ist demnach wohl anzunehmen, dass die durch Essigsäure erhaltenen Krystalle wesentlich identisch sind mit den Hypochlorinkrystallen, denn die geringe Abweichung bezüglich der Löslichkeit in Alkohol und der Zersetzbarkeit durch Salzsäure haben sie ja mit den aus heissem Eisessig erhaltenen Krystallen gemein.

Ich habe die Hypochlorinkrystalle auch makrochemisch und zwar grammweise hergestellt. Es gelingt dies relativ leicht, wenn man ganze Hollunderblätter (*Sambucus nigra*) mit wenig Eisessig bei 100° C. im Luftstrome auszieht, die heisse Lösung schnell durch ein Tuch giesst und erkalten lässt, oder wenn man Grasblätter mit Eisessig in offenen Schalen kocht, und die Abkochung langsam abkühlt. Es scheiden sich dann grosse fadenartige Krystalle aus. Dampft man bei 100° C weiter ein, so erhält man beim Erkalten der concentrirten Lösung meist Drusen wie Fig. 7, doch sind die Nadeln oft verzweigt und die Drusen bis zwanzigmal grösser als die gezeichnete. Aus Aether lassen sich die Krystalle leicht umkrystallisiren.

Die Eigenschaften der mikrochemisch und makrochemisch dargestellten Krystalle brachten mich auf den Gedanken, dass die Hypochlorinkrystalle identisch mit dem Chlorophyllan Hoppe-Seyler's sein könnten.

Hoppe-Seyler gibt an (57), dass die Chlorophyllankrystalle als sichelförmig gebogene, spitzwinkelige Täfelchen, oft rosettenförmig oder radial nach allen Richtungen um einen Punkt gestellt auftreten; sie sind nach ihm im auffallenden Lichte schwärzlichgrün, im durchfallenden Lichte braun, besitzen Wachsconsistenz, lösen sich leicht in Aether, Alkohol. Petroleumäther, schwer in kaltem, leichter in heissem Alkohol, und die Absorptionsbänder ihrer Lösung, welche zwischen den Fraunhofer'schen Linien *D* und *F* liegen, sind breiter als die analogen einer frischen Chlorophyllösung.

Diese Charakteristik passt fast wörtlich auf unsere Eisessigkrystalle, und die weitere Untersuchung hat gelehrt, dass das Chlorophyllan, von dem mir durch die Güte des Herrn Professor Hoppe-Seyler eine Probe zur Verfügung stand, sich auch gegen alle anderen von mir angewandten Reagentien fast ganz wie die Hypochlorinkrystalle verhielt.

Einige kleine Differenzen habe ich allerdings zwischen den übrigens schon etwas lange aufbewahrten Chlorophyllankrystallen Hoppe-Seyler's und den aus kaltem Eisessig unter dem Deckglase erhaltenen Krystallen auffinden können; doch erscheinen dieselben bei genauerer Ueberlegung von nur untergeordneter Bedeutung.

Die Löslichkeit des Chlorophyllans in kaltem Alkohol ist geringer als die der mit Eisessig erhaltenen Krystalle.

Das Chlorophyllan wurde aber bei der Darstellung verschiedene Male mit Alkohol erhitzt, eine Manipulation, von der man annehmen kann, dass sie den Körper sehr wohl unlöslicher machen kann, wenn man bedenkt, dass schon das Kochen mit Eisessig ähnlich auf ihn einwirkt.

Nach Behandlung des aus heissem Eisessig umkrystallisirten Chlorophyllans mit Quecksilberchloridlösung und dann mit Aether bleibt ein kleiner farbloser Rest zurück, welcher ungefähr die Form der Krystalle beibehält (Fig. 9). Hier mag eine Verunreinigung der Chlorophyllankrystalle der Grund der Erscheinung sein.

Die freiliegenden Chlorophyllankrystalle sind dagegen in Chlorallösung ohne Rest löslich. So sind wir wohl zu dem Schlusse berechtigt, dass die Hypochlorinkrystalle PRINGSHEIM's mit HOPPE-SEYLER's Chlorophyllankrystallen identisch sind. (Siehe hierzu auch 56).

Nach HOPPE-SEYLER's Untersuchungen ist das Chlorophyllan ein sehr complicirt zusammengesetzter Körper. Es scheint ihm ein Lecithin zu sein, in welchem in Uebereinstimmung mit anderen Lecithinen sich Glycerin und Cholin in Verbindung mit Phosphorsäure befinden, das Glycerin sich aber ausserdem entweder allein oder zugleich mit fetten Säuren) in Verbindung befindet mit der Chlorophyllansäure (59, p. 78). Bezüglich der Verwandtschaft des Chlorophyllans mit dem Chlorophyllfarbstoffe ist HOPPE-SEYLER, hauptsächlich wegen der spectroskopischen Reaction des Chlorophyllans, der Meinung, dass das Chlorophyllan ein dem Chlorophyllfarbstoffe der lebenden Pflanze sehr nahe stehender Körper, jedoch ein Umwandlungsproduct desselben sei. GAUTIER's krystallisirtes Chlorophyll scheint wohl identisch mit dem Chlorophyllan HOPPE-SEYLER's oder wenig verschieden von demselben zu sein, wie übrigens auch GAUTIER annimmt. GAUTIER betrachtet die Färbung des Körpers als nebensächlicher und nennt seine Krystalle, weniger vorsichtig als HOPPE-SEYLER, einfach Chlorophyll. GAUTIER's Chlorophyllkrystalle sind anfangs grün, werden aber später gelblich oder bräunlich; im diffusen Lichte werden sie gelbgrün und entfärben sich später gänzlich.

Diese Ansichten über die Natur der Chlorophyllankrystalle stehen in schönem Einklange mit unseren Beobachtungen über die directe Umwandlung der grünen, aus den Chlorophyllkörnern austretenden Tropfen in die Chlorophyllankrystalle, von welcher ich p. 18 d. A. sprach.

Die Chlorophyllankrystalle scheinen auch danach ein leicht aus dem in Alkohol, Essigsäure etc. löslichen Bestandtheile der Autoplasten, welcher durch wenig Eisessig, durch heisses Wasser etc. aus dem Autoplasten in Form grüner Tropfen hervortritt, hervorgehendes Umwandlungsproduct zu sein. Dass diese Umwandlung nicht nur durch Säuren hervorgerufen werden kann, sondern auch durch die Wirkung von Glycerin etc. eintritt, gibt schon PRINGSHEIM an (24, p. 314). Ich habe einzelne schöne Chlorophyllankrystalle dadurch erhalten können, dass ich einen Schnitt des Irisblattes mit einem Tropfen Petroleumäther befeuchtet unter ein Deckglas brachte und in einem mit Petroleumätherdämpfen gesättigten Raume einige Tage stehen liess. Da hier sicher genügend Sauerstoff, aber wenig Säure (die Säure des Zellsaftes vorhanden war, und nur wenig Krystalle entstanden, so scheint es, dass die Menge der Säure von grösserer Bedeutung für die Entstehung der Chlorophyllankrystalle ist.

Wie aus unseren mikrochemischen und HOPPE-SEYLER's makrochemischen Versuchen, ebenso aus GAUTIER's Untersuchungen hervorgeht, scheint ein besonderer, leicht zerstörbarer Atomcomplex die Farbe des Chlorophyllans zu bedingen. Dieser Atomcomplex ist vielleicht isolirbar und ihm käme dann der Name »Chlorophyllfarbstoff« eigentlich zu. In Rücksicht auf die Wahrscheinlichkeit, dass die Darstellung dieses Körpers gelingen wird, möchte ich vorschlagen, die Substanz, von welcher das Chlorophyllan eine Modification ist, den Körper, welcher uns in Form der grünen Tropfen bekannt ist, »Chlorophyll« zu nennen und den hypothetischen Atomcomplex, welcher die Farbe des Chlorophylls bedingt, als »Chlorophyllfarbstoff« zu bezeichnen. Wir geben damit nur auf die ursprüngliche Bedeutung des von PELLETIER und CAVENTU 1817 eingeführten Wortes Chlorophyll zurück.

Wir haben also so die Aufgabe, welche wir uns p. 17 dieser Arbeit stellten, PRINGSHEIM's hypothetisches Hypochlorin aufzufinden, gelöst; denn dieses ist, da ja die Hypochlorinkrystalle PRINGSHEIM's identisch sind mit den Chlorophyllankrystallen, derselbe Körper, welcher bisher allgemein Chlorophyll genannt worden ist.

Es ist demnach der Ausdruck Hypochlorin überflüssig geworden.

Damit haben wir denn alles untersucht und untergebracht, was aus PRINGSHEIM's Arbeiten über die Chlorophyllkörner bezüglich der näheren Bestandtheile, aus welchen die Autoplasten aufgebaut sind, zu lernen ist.

Ehe wir zu dem übergehen, was uns PRINGSHEIM's Untersuchungen über die Structur der Autoplasten lehren, wollen wir erst kurz das einschalten, was wir über den in den Lösungsmitteln unseres Chlorophylls unlöslichen Bestandtheil der Autoplasten in chemischer Beziehung wissen.

Behandelt man die Autoplasten mit den verschiedensten Lösungsmitteln des Chlorophylls, so behält man immer einen ungefärbten Rest zurück, der mehr oder weniger gequollen sein kann, schliesslich aber meist durch verschiedene Mittel wieder contrahirbar ist und dann die ungefähre Grösse und Gestalt der intacten Autoplasten wieder annimmt, mit welcher er auch bei nicht quellenden Lösungsmitteln des Chlorophylls erhalten wird. PRINGSHEIM bezeichnet diesen Rest in seiner letzten Abhandlung (4b, p. 92) als Gerüst (Stroma).

Bezüglich der näheren chemischen Bestandtheile dieses Gerüstes muss man sich zuerst klar sein, dass dieselben je nach den angewandten Lösungsmitteln verschieden sein können. Allerdings löst sowohl Petroleumäther als Chloroform, Alkohol und Chlorallösung unser Chlorophyll, aber andere, uns bis jetzt unbekannte Stoffe, welche wohl noch ausser dem Chlorophyll vorhanden sein können, brauchen ja durchaus nicht in allen Lösungsmitteln des Chlorophylls gleichmässig kislich zu sein. Es schien mir sogar, als ob nach Behandlung der Autoplasten mit Petroleumäther und mit Chlorallösung das Gerüste verschieden reagirte, doch sind meine Beobachtungen über diesen Gegenstand so unsicher, dass ich die Entscheidung der Frage der Zukunft überlassen muss.

SACHS hat nun folgende Reactionen mit dem Gerüste angestellt, welches er durch Extraction der Autoplasten mittelst Alkohols erhielt:

1) Jod färbt braun,
2) Essigsaurer Cochenilleauszug färbt ziegelroth,
3) Kupfervitriol und Kalilauge violett,
4) Salpetersäure und Kalilauge gelb;
5) Concentrirte Kalilauge lässt die Form des Gerüstes unverändert, bei nachherigem Wasserzusatze wird dies Gerüste zerstört;
6) Phosphorsäure (sp. Gew. 1,060) verändert die Form des Gerüstes nicht.

Das ist alles, was bisher von chemischen Reactionen des Gerüstes bekannt war. Auch ich kann zu der Frage nur einen sehr geringen Beitrag liefern, da ich hauptsächlich nur die Wirkung des Chlorals, des Eisessigs und der Osmiumsäure auf das Gerüst studirt habe, welches nach Extraction der Autoplasten (von *Vallisneria spiralis* und *Phajus grandifolius*, zuerst mit Aether, und hierauf mit Alkohol, zurückbleibt.

7) Chlorallösung dehnt die Gerüste etwa um die Hälfte ihres Volumens, ohne dass ihre Structur (p. 23 d. A.) verloren geht. Durch Wasserzusatz werden sie unter Contraction wieder deutlich erkennbar.

8) Eisessig quellt wie das Chloral. Die mit Eisessig behandelten Autoplasten speichern wie

der Rest des übrigen Plasmas kein Methylgrün in sich auf, wenn man sie in eine wässerige Lösung dieses Körpers bringt, während der Zellkern sich noch mit Methylgrün färbt.

9) Osmiumsäure hindert (nach zwölfstündiger Einwirkung) die Quellung durch Chloral nicht. Es sei noch bemerkt, dass weder Chromsäure noch rauchende Salpetersäure lösend auf das Gerüste wirken.

Wir kommen nun zu dem, was uns Prinosheim's Arbeit neues über die Structur des Chlorophyllkornes gelehrt hat.

Prinosheim beobachtete, dass das farblose Gerüste der Autoplasten, welches nach Behandlung derselben mit Salzsäure, mit heissem Wasser (24. p. 290, 293, 312), mit Alkohol oder anderen Lösungsmitteln zurückbleibt, eine, wie sich Prinosheim ausdrückt, schwammförmige Structur besitzt, also z. B. dann, wenn es sich recht dünn über ein Stärkekorn ausgebreitet hat, ein einfaches, völlig durchbrochenes Netz darstellen kann.

Ein Gerüste derselben Natur bleibt nach Prinosheim ebenfalls zurück, wenn man den Autoplasten durch concentrirtes Sonnenlicht entfärbt. Prinosheim beschreibt auch (24, p. 312), dass man in manchen Fällen die grünen Tropfen noch aus den Lücken hervorragen sieht.

Die angeführten Thatsachen sind in der Hauptsache richtig. Vorzüglich schön kann man das Gerüste erhalten, wenn man einen Tag über in Salzsäure gehärtete Autoplasten von *Vallisneria* z. B.) mit wenig Eisessig oder mit Chlorallösung behandelt. Das Austreten der Tropfen kann man in allen Stadien beobachten. wenn man zu nicht zu dünnen, frischen Schnitten autoplastenhaltiger Gewebe direct Eisessig zufügt, oder wenn man zu Schnitten, welche in wenig Wasser unter dem Deckglase liegen, langsam Chlorallösung zutreten lässt. In beiden Fällen erscheinen schon nach einigen Minuten die Autoplasten einzelner Zellen wie mit grünen Perlen besetzt; diese fliessen dann häufig zusammen, ehe sie sich völlig lösen.

Da Prinosheim annimmt, das Chlorophyllkorn bestehe aus einem schwammförmigen Gerüste, welches im normalen Zustande von dem ölartig flüssigen Träger des Farbstoffes und von dem Hypochlorin (also von unserem Chlorophyll) durchtränkt sei 24, p. 313), so ist er vielleicht deshalb nicht auf den Gedanken gekommen, diesen Bau des Chlorophyllkorns auch an dem intacten Autoplasten aufzusuchen, weil ihm ein mit undurchsichtiger grüner Substanz getränkter, farbloser Schwamm als Bild vorschwebte, an dem dann allerdings wegen der Communication der Hohlräume eine regelmässige Structur schwer zu erkennen sein würde. In der That lässt sich aber an dem lebenden Autoplasten, wenn er völlig unverletzt ist, eine eigenthümliche Structur erkennen, die den Eindruck macht, als seien in eine mehr oder weniger farblose Grundmasse und von dieser überall umschlossen, dunkelgrüne Körner oder Kugeln eingelagert. Freilich muss man erst einige Uebung besitzen, ehe einem diese Körner und vorzüglich deren grüne Färbung überall in die Augen fällt, und daher mag es kommen, dass sie so lange wenig beachtet worden sind. Nur Mohl und Böhm ist diese körnige Structur der Autoplasten in bemerkenswerther Weise aufgefallen, und verschiedene Angaben dieser Autoren über Einschlüsse sind durch diese Structur der Autoplasten veranlasst; *Asphodelus luteus* ist ein Beispiel, an dessen Autoplasten die körnige Structur leicht zu beobachten ist, und die Autoplasten dieser Pflanze werden von Böhm als Exempel solcher Chlorophyllkörner angeführt, in welchen Körnchen unbekannter Natur, die nach Böhm vielleicht einer dem Inulin oder Paramylum ähnlichen Substanz angehören, eingeschlossen vorkommen. Ebenso ist bei *Chira nobilis*, welche Mohl anführt, die Körnelung auf die erwähnte Structur der Autoplasten zurückzuführen.

Um uns über diese Structur zu orientiren ist es nöthig, unsere Untersuchungen zuerst an einem möglichst deutlichen Beispiele zu machen: das eclatanteste, welches ich finden konnte, waren die Autoplasten der grünen Knollen von *Acanthephippium silhetense*. Diese grossen Chlorophyllkörner haben verschiedene Eigenschaften, welche sie für die Entscheidung der Frage

24

nach der Structur der Autoplasten sehr geeignet machen. Einmal wachsen die Stärkekörner hier nicht innerhalb sondern an dem Autoplasten, und es treten deshalb keine störenden Stärkekörnchen in der Masse des Autoplasten auf; dann findet sich ebenfalls deutlich gesondert ein grosses Krystalloid an dem Autoplasten, so dass auch vielleicht Proteinkrystalle oder Proteinkörner als Einschlüsse nicht in diesem Chlorophyllkorne zu erwarten sind, und endlich breitet sich der Autoplast über die grossen Stärkekörner häufig so aus, dass man gleichsam einen Durchschnitt durch die Masse des Chlorophyllkorns beobachten kann und dadurch die Structur desselben klar vor Augen hat. Nur die unangenehme Eigenschaft besitzen die Knollen, dass sie eine grosse Menge sehr stark quellbaren Schleimes enthalten, welcher die Beobachtung hindert und Einwirkung der Reagentien etwas stört. Eine gute Eigenschaft dieses Schleimes liegt aber auch wieder in der letzteren Wirkung desselben, da auch die Zerstörung der normalen Structur durch Wasser gerade durch den Schleim verhindert wird.

Untersucht man nun den Autoplasten an Stellen, wo derselbe in dünner Schicht über ein Stärkekorn ausgebreitet ist, also am Rande des das Stärkekorn umfassenden Chlorophyllkorns Fig 10 bei P_1, so sieht man deutlich, dass derselbe aus einer hellen Substanz besteht, in welche dunkelgrüne Körner von annähernd gleicher Grösse in regelmässigen Abständen eingelagert sind. Es war mir nicht möglich mit aller Schärfe die Frage zu entscheiden, ob die Masse, in welche die Körner eingelagert sind, völlig farblos oder nur sehr hellgrün ist. Es wäre die Klärung dieses Punktes von Wichtigkeit, weil im Falle der Farblosigkeit der Grundsubstanz die Auffassung gerechtfertigt erschiene, dass die grünen Körner, welche wir der Kürze halber »Grana« nennen wollen, aus unserem Chlorophyll beständen, und dass dieses in der übrigen Masse des Autoplasten nicht weiter vorkäme. Es wäre dann auch um so wahrscheinlicher, dass der hypothetische Chlorophyllfarbstoff nur in Verbindung mit den Bestandtheilen vorkäme, mit denen er in den Chlorophyllankrystallen verbunden ist, während man im entgegengesetzten Falle auch vermuthen könnte, dass der hypothetische Farbstoff auch allein das Gerüste tingirt. Die Körner erscheinen übrigens nach dem Rande des Autoplasten zu häufig etwas heller: vielleicht sind sie dort nur weniger dick.

Betrachtet man nun die massigeren Particeen des Autoplasten, so erkennt man, dass auch diese aus Grana bestehen, welche in eine farblose (?) Substanz eingebettet sind. Was die Frage anbelangt, ob dieser Einbettung eine vollkommene ist, ob jedes dieser Grana rings von farbloser Masse umhüllt ist oder ob eines oder das andere frei in das umgebende Plasma hinausragt, so habe ich mich schliesslich für die Annahme einer völligen Umhüllung und völligen Trennung der einzelnen Grana durch die farblose Masse entschieden; obgleich es wegen der Kleinheit des Objectes kaum möglich ist diese Frage mit absoluter Gewissheit zu entscheiden, habe ich doch in einigen günstigen Fällen den Eindruck erhalten, als seien auch die Grana des äussersten Randes noch von einer feinen Schicht einer stärker lichtbrechenden Masse überzogen.

Gehen wir nun dazu über die Wirkung einiger Reagentien auf diese Autoplasten und ihre Grana zu prüfen.

1) W a s s e r.

Legt man einen dickeren Schnitt der Knolle in viel Wasser, so beobachtet man, dass zwei von einander ganz verschiedene Veränderungen mit den Autoplasten vor sich gehen können, welche die geschilderte normale Structur derselben zerstören.

In dem einen Falle sieht man die Autoplasten homogen werden; die Grana verschwinden dann, und die Masse wird gleichmässig grün. Diese Erscheinung ist bei Acanthephippium selten und soll später besprochen werden.

In dem anderen Falle könnte man bei oberflächlicher Betrachtung glauben, die körnige Structur der Autoplasten sei durch die Einwirkung des Wassers nur deutlicher hervorgetreten: verfolgt man aber den Vorgang in diesem Falle genauer, so erkennt man, dass die Grana zerstört werden, und dass ein Vacuoligwerden der Autoplasten stattfindet.

Dieses Vacuoligwerden erfolgt in nachstehend beschriebener Weise.

Stellt man das Mikroskop auf einen Autoplasten des im Wasser liegenden Gewebes möglichst tief ein, so sieht man bei Beginn der Einwirkung des Wassers zuerst einen hellen Punkt in den Grana auftreten (Fig. 11, *a*), während dieselben etwas quellen; die Quellung steigert sich bei weiterer Einwirkung des Wassers bedeutend, und die Vacuole vergrössert sich ebenfalls (Fig. 11, *b*). Auf diesem Stadium bleibt die Erscheinung meist stehen; hier und da fallen aber die Blasen zuletzt zusammen, und die gequollenen Grana erscheinen dann körnig und verschwommen (Fig. 11, *c*).

2. **Chlorallösung** (Siehe p. 28 d. A.).

Lässt man die Chlorallösung direct zu einem dicken Schnitte der Knolle fliessen, so treten zuerst die eben für die Wirkung des Wassers beschriebenen Erscheinungen auf, dann aber bildet sich in der Vacuole ein Tropfen grüner Masse, welcher sich aus der im optischen Querschnitte als Ringwulst erscheinenden Blase absondert (Fig. 12, *a*). Die grünen Tropfen lösen sich bald völlig, und es bleibt ein farbloses Gerüste, dessen Höhlungen bedeutend grösser sind als die Grana Fig. 12, *b*).

3. **Alkohol.**

Durch Alkohol tritt eine Contraction des Autoplasten, eine Entfärbung und eine anscheinende Verminderung der Substanzmenge desselben ein. Man sieht an dem zurückbleibenden Gerüste eine eigenthümliche Structur, die sich am einfachsten so deuten lässt, dass Hohlkugeln dichterer oder stärker lichtbrechender Substanz in einer weniger dichten Grundmasse eingebettet liegen (Fig. 13).

4. **Kalilauge.**

Verdünnte Kalilauge wirkt etwas stärker quellend auf die Grana als Wasser. Concentrirte Kalilauge wirkt weniger als Wasser auf die Grana ein.

5. **Ueberasminiumsäurelösung.**

Dieses Reagens härtet die Autoplasten sofort und hindert dann die Zerstörung der Grana durch Wasser völlig.

Chloral quellt die mit Osmiumsäure behandelten Autoplasten nur äusserst wenig.

Behandelt man einen mit Osmiumsäure gehärteten Autoplasten mit Alkohol, so kann man keine Veränderung seiner Bestandtheile constatiren; bestimmt findet keine Lösung der Grana statt.

Ehe wir aus den angegebenen Reactionen einen Schluss auf den inneren Bau der Autoplasten ziehen, sei die Frage aufgeworfen, ob die bei *Acanthephippium* beobachtete körnige Structur eine bei allen Autoplasten der Angiospermen vorkommende Eigenschaft ist. Von vorn herein darf man annehmen, dass, wenn PRINGSHEIM's Angabe, »die schwammförmige Structur sei eine allgemein verbreitete Eigenschaft des Gerüstes«, den thatsächlichen Verhältnissen entspricht, auch die körnige Structur eine eben so verbreitete Eigenschaft der intacten Autoplasten ist, da wir sahen, dass die Vacuolen des Gerüstes aus den Grana hervorgingen.

Auf BÖHM's kurze Angaben über das allgemeine Vorkommen der Körner ist wenig Werth zu legen, weil die Mittheilungen doch zu allgemein gehalten sind, und man nicht weiss, von wie vielen Beispielen er beim Generalisiren ausgegangen ist. Auch gibt er keine Charakteristik der Körner, so dass man nicht wissen kann, ob er nicht mancherlei confundirt hat.

Ich habe allerdings nur bei wenigen Pflanzen genau nachgesehen, aber dort die Grana ohne Ausnahme gefunden, allerdings in sehr verschiedener Deutlichkeit.

Die Autoplasten des Blattparenchyms von *Acanthephippium* zeigen die körnige Structur recht klar. Fig. 14 gibt zwei solcher intacter Autoplasten wieder. Durch Wasserwirkung erhalten sie das in Fig. 15 dargestellte Aussehen, welches sich sehr wohl auf das der durch Wasser veränderten grossen Autoplasten der Knollen zurückführen lässt, indem wir auch hier statt eines jeden Granum einen Ring stärker lichtbrechender Substanz auftreten sehen. In geöffneten Zellen geht die Wirkung des Wassers auf die Autoplasten meist viel weiter, doch lässt sich selbst in sehr zerfallenen Autoplasten die angedeutete Structur noch erkennen.

Ebenso zeigen die Autoplasten von *Phajus grandifolius* die körnige Structur sehr gut. *Vallisneria spiralis*, von deren Autoplasten PRINGSHEIM die schönsten Gerüste erhalten zu haben scheint (24, Taf. XXV, Fig. 8 u. 9) (die Abbildung ist übrigens nicht exact, da um jede Höhlung ein stark lichtbrechender Rand auftritt, ähnlich wie ich ihn in Fig. 13 abgebildet habe; lässt auch in vorzüglicher Weise die Grana erkennen. Die Figuren 16a und b zeigen diese Autoplasten, wie sie bei tiefer und hoher Einstellung im Mikroskope erscheinen.

Auch bei *Adoxa moschatellina* findet man die Autoplasten der Blätter körnig, vorzüglich, wenn die letzteren völlig entwickelt und schön dunkelgrün sind (am 10. Mai untersucht). Hungert man die Pflanze in kohlensäurefreiem Raume aus, so dass alle Stärke aus den Autoplasten und Anaplasten schwindet, so bleiben doch die Grana und die Autoplasten erhalten. Die Autoplasten der Blattstiele zeigen die Grana häufig von sehr ungleicher Grösse.

Wo das Vacuoligwerden eines Autoplasten von *Adoxa* eintritt, kann man, wie ich nebenbei bemerken will, bei aufmerksamer Beobachtung häufig eine mit stark lichtbrechender Flüssigkeit gefüllte Vacuole entstehen sehen, welche sehr schnell wieder verschwindet; es scheint mir diese Beobachtung interessant, weil auch PRINGSHEIM an den Amylumheerden von *Spirogyra* eine ähnliche Erscheinung gesehen hat (24, p. 306), weil sie zeigt, dass schon durch Wasser eine Substanz aus dem Autoplasten aufgenommen wird, und weil sie den Schluss gestattet, dass das Auftreten der Vacuole am Autoplasten mit dieser Entstehung einer endosmotisch wirksamen Lösung zusammenhängt. Auch aus den Autoplasten von *Iris germanica*, tritt beim Zerfallen durch Wasserwirkung eine in Wasser lösliche Substanz aus, was man daran erkennen kann, dass Vacuolen, welche im Autoplasten beim Zerfall desselben entstehen, eine Flüssigkeit einschliessen, die sich durch schwache Jodlösung deutlich rothbraun färbt. Bei älteren, dunkelgrünen Blättern von *Iris germanica* sieht man übrigens die Grana in den Autoplasten ebenfalls deutlich. Ueberosmiumsäure lässt auch hier die Grana noch besser hervortreten.

Wie es auch nach diesen Beobachtungen scheint, ist die körnige Structur der Autoplasten eine sehr weit verbreitete; dennoch sind bezüglich dicotyledoner Gewächse noch viel zu wenig Beobachtungen gemacht, um die hier besprochene körnige Structur als eine für die Angiospermen gesetzmässige Erscheinung bezeichnen zu dürfen.

Es fragt sich nun, was wir aus den Reactionen der Grana, vorzüglich der von *Acanthephippium*, über deren Natur schliessen können.

Nehmen wir zuerst an, dass die Masse der Autoplasten nur aus unserem Chlorophyll und aus der Gerüstemasse bestände, welche nach Extraction der Autoplasten mittelst Alkohols zurückbleibt, so ist leicht einzusehen, dass die Quellung des Autoplasten durch Wasser höchst wahrscheinlich keine Function des Chlorophylls sein kann, da ja das Chlorophyllan und Chlorophyll nicht quellbar und in Wasser unlöslich ist, sondern auf der Quellbarkeit der Gerüstemasse beruhen muss. Da nun die Grana quellen, ohne dass sich Farbstoff löst (Fig. 11), so geht daraus hervor, dass sie eine Grundlage besitzen müssen, welche aus der Gerüstesubstanz besteht, und welche dann von Chlorophyll durchtränkt zu denken wäre.

Nimmt man nicht an, dass auch bei Behandlung der Autoplasten durch Alkohol, Aether etc. immer erst in der erkrankenden Zelle eine theilweise Quellung der Substanz des Autoplasten eintritt, ehe die Härtung des Gerüstes erfolgt, so müsste nach dem Aussehen des Gerüstes Fig. 13 zu urtheilen, die Gerüstesubstanz der Grana schon im intacten Autoplasten kleine Hohlkörper bilden, welche mit Chlorophyll gefüllt oder auch leer sein könnten, und deren Wände von Chlorophyll durchtränkt sein müssten.

Nehmen wir aber anderenfalls an, dass ausser Gerüstesubstanz und Chlorophyll noch andere Substanzen den Autoplasten von *Acanthephippium* aufbauen, so würden sich alle besprochenen Reactionen derselben erklären lassen, wenn wir annähmen, dass jedes Granum einen der Beobachtung entgehenden, in Wasser löslichen Einschluss enthielte. Die aus diesem Einschluss hervorgehende endosmotisch wirksame Lösung bewirkte dann die Dehnung der zugleich quellenden Gerüstesubstanz, welche eine relativ dichte Kugelschale um den Einschluss bildete, in der das Chlorophyll hauptsächlich oder allein eingelagert wäre.

Selbstverständlich sind diese Erklärungsversuche nur von sehr bedingtem Werthe, und es bedarf noch sehr zahlreicher Beobachtungen, ehe man etwas sicheres über diese Verhältnisse aussagen kann.

Wir hätten nun noch einige Worte über das Homogenwerden der Autoplasten zu sagen. Diese Erscheinung habe ich nur an den Autoplasten intacter Zellen von Schnitten beobachtet, welche längere Zeit in Wasser lagen. Im April untersuchte junge Blätter von *Iris germanica* liessen den Vorgang des Homogenwerdens z. B. schön erkennen. Die Autoplasten dehnten sich dabei zu einer flachen Scheibe aus (Fig. 17), wurden gleichmässig hellgrün, liessen ihre Einschlüsse (Fig. 17, a) klar hervortreten, verwandelten sich aber bei Verletzung der Zelle doch in einen vacuoligen Körper. Auch bei *Vallisneria spiralis* tritt das Homogenwerden sehr leicht ein. Die Autoplasten werden transparenter und gedehnt, hauptsächlich in den Zellen, in welchen das Protoplasma in sehr schnelle Rotation geräth. Zwei homogen gewordene Autoplasten von *Adoxa* habe ich in Fig. 18, b abgebildet.

Die Erscheinung des Homogenwerdens muss noch näher studirt werden; sie wird sehr interessant, wenn man sie mit dem Vacuoligwerden der Autoplasten vergleicht und einen Zusammenhang zwischen beiden Vorgängen sucht. Mir ist es noch nicht gelungen, eine irgend klare Vorstellung über diesen Zusammenhang zu gewinnen.

Wie schon erwähnt, werden durch das Homogenwerden der Autoplasten ihre Einschlüsse sehr deutlich. Vorzüglich ist diese Thatsache auffallend bei denjenigen Autoplasten, welche sogenannte Oeltröpfchen enthalten. Diese Oeltröpfchen sind im ungedehnten Autoplasten oft kaum zu erkennen, treten aber nach der Wassereinwirkung sofort deutlich hervor, wie schon Briosi richtig beschreibt. Briosi's Erklärung der Erscheinung, welche ich p. 15 dieser Arbeit wiedergegeben habe, ist falsch, da ein Zusammenfliessen des Oels nicht stattfindet. Die Einschlüsse der sogenannten Oel enthaltenden Autoplasten bleiben vielmehr an ihrem ursprünglichen Platze liegen, etwa wie ein kleines im Autoplasten liegendes Stärkekorn, und werden nur besser erkennbar, weil die Substanz des Autoplasten transparenter wird.

Es soll jetzt unsere Aufgabe sein, die sogenannten Oeltröpfchen und ihre Beziehung zur Structur des Autoplasten etwas näher zu untersuchen.

Unsere erste Untersuchung muss dabei der Frage gelten, ob diese tröpfchenartigen Einschlüsse, welche Briosi für *Musa-* und *Strelitzia-*Arten beschrieben hat, wirklich fettes Oel sind, wie ja von Gonlkwski und Holle angenommen wird.

Dass die Entscheidung dieser Frage nach dem gewöhnlichen mikrochemischen Verfahren nicht zu treffen ist, wird jedermann einsehen, der einen Begriff von Chemie hat und die Angaben liest, welche Poulsen (60, p. 72) in seiner Zusammenstellung der mikrochemischen Reactionen über die mikrochemischen Eigenschaften der fetten Oele macht. Ich will deshalb eine neue Reactionsmethode beschreiben, die allerdings nur als ein erster Versuch einer rationelleren Lösung der Frage nach der Natur eines ölartig aussehenden Stoffes zu betrachten ist, und dazu mit der Aufzählung der angewandten Reagentien beginnen, deren Verhalten zu fetten und ätherischen Oelen ich zugleich schildern werde. Obgleich wir die letzteren hier nicht zu berücksichtigen haben, wird

4*

28

es doch zweckmässig sein, ihr Verhalten zugleich mit anzuführen, da durch dieses Verfahren jede zu optimistische Anschauung über den Werth der Reactionen vermieden wird und klar hervortritt, wie schwer es ist, diese so verschiedenen Körperclassen auf mikrochemischem Wege zu unterscheiden.

1) Eisessig, also Acidum aceticum der Apotheken, vom sp. Gew. 1,06 und dem Siedepunkte 116° C., verhält sich gegen die wichtigsten ätherischen und fetten Oele bei mikrochemischer Untersuchung folgendermassen.

Um eine Trübung in 3 cc Eisessig hervorzurufen, braucht man 6 Tropfen Terpentinöl, 6 Tropfen Wachholderbeeröl, 10 Tropfen Citronenöl. Bergamottöl, Rosmarinöl, Nelkenöl, Zimmtöl, Kümmelöl, Pfefferminzöl, Sadebaumöl lösen sich sofort in 2 Theilen Eisessig.

Es geht also hieraus hervor, dass Eisessig bei mikrochemischer Anwendung die meisten äth. Oele lösen muss und zwar sofort, wenn er in die Zelle eindringt, während einige Oele, die sich etwas schwerer lösen, sehr bald von einem geringen Ueberschusse der eindringenden Säure aufgenommen werden müssen.

Von fetten Oelen habe ich folgende bezüglich ihres Verhaltens zu Eisessig geprüft: Olivenöl, Arachisöl, Sesamöl, Leinöl. Mohnöl, Rüböl, Wallnussöl, Mandelöl, Ricinusöl und Baumwollensamenöl.

Von diesen Oelen ist nur Ricinusöl mit Eisessig mischbar, alle anderen sind so wenig löslich in Eisessig, dass schon 1 Tropfen der Oele genügt, um 6 cc des Eisessigs stark zu trüben.

Es geht daraus hervor, dass Eisessig bei mikrochemischer Benutzung die fetten Oele meist nicht lösen wird, wenn man die Anwendung einer zu grossen Menge des Lösungsmittels vermeidet.

Die Reactionen müssen übrigens, eben um einen zu grossen Ueberschuss des Reagens zu vermeiden, alle unter dem Deckglase ausgeführt werden; denn wenn man, wie es häufig geschieht, eine Zelle einen Tag lang in 20 cc Flüssigkeit hineinlegt, um die Löslichkeit eines Zellbestandtheiles in derselben zu prüfen, so stellt man etwa die Frage: »Ist der Körper in 2000000 Theilen der Flüssigkeit löslich?« Die Antwort auf eine solche Frage wird nur in wenigen Fällen nützen, und es ist demnach auf die Wirkung der Hauptwerth zu legen, welche eine Flüssigkeit bald nach ihrem Eindringen in die Zellen dünner Schnitte hervorbringt, wenn man eine rationelle Anwendung von den Reagentien machen will.

2) Spiritus vom sp. Gew. 0,83 verhält sich gegen die fetten Oele wie Eisessig. Absoluter Alkohol verhält sich im allgemeinen sogar auch quantitativ ähnlich wie Eisessig d. h. die Oele. welche Eisessig etwas reichlicher aufnehmen, nehmen auch Alkohol reichlicher auf. Von den angeführten ätherischen Oelen lösen sich alle in 2 Theilen des Weingeistes ausser Terpentinöl, Wachholderbeeröl und Citronenöl, welche grössere Quantitäten des Lösungsmittels brauchen.

3) Wässrige Chloralhydratlösung.

Da die Anwendung dieses Reagens, dessen ich mich schon Jahre lang bediene, bisher nirgends erwähnt ist, möchte ich hier einige Worte einschalten, die zur allgemeinen Orientirung über dessen Wirkungsweise nöthig sind.

Eine wässerige Chloralhydratlösung wirkt je nach ihrer Concentration sehr verschieden; um deshalb immer dieselben Effecte mit derselben hervorzurufen, muss eine bestimmte Concentration genau inne gehalten werden. Am geeignetsten als Reagens habe ich eine Lösung von 5 Theilen Chloralhydrat in 2 Theilen Wasser gefunden. Diese Mischung kann allerdings nur noch bei etwa 15° C. angewandt werden, da sich bei niederer Temperatur Chloralhydrat ausscheidet. Wie wir sehen werden, verhält sich diese Chloralhydratlösung gegen ätherische und fette Oele fast wie Alkohol, gegen wasserlösliche Kohlehydrate verhält sie sich dagegen ähnlich wie Wasser, und Stärke quellt sie wie Kalilauge. Vorzüglich charakteristisch ist ihr Verhalten gegen Proteinstoffe, welche sie löst oder stark quellt; auch auf Cellulose wirkt sie etwas quellend ein. Da sie Stärke quellt und Jod löst, ohne es zu verändern, bietet eine mit Jod gesättigte Lösung von Chloralhydrat, die man sich herstellt, indem man festes Jod mit Chlorallösung stehen lässt, ein vorzügliches Mittel zum Nachweis von Stärke in den Trophoplasten. Man legt zu dem Zwecke einen Autoplasten enthaltenden Blattschnitt ein paar Minuten in dünne Jodkaliumlösung, trocknet ihn mit Fliesspapier ab, legt ihn unter ein Deckglas und fügt Jodchlorallösung zu. Nach einigen Minuten ist der Blattschnitt farblos, da das Chlorophyll gelöst wird und das Gerüste der Autoplasten verquillt, und die Amylumkörner treten deutlich mit blauer Farbe hervor. Auch als Aufhellungsmittel ist Chlorallösung in manchen Fällen von vorzüglicher Wirkung.

Die wässrige Chloralhydratlösung von der angegebenen Concentration verhält sich nun folgendermassen gegen unsere fetten und ätherischen Oele. Von den ätherischen Oelen sind alle bis auf die reichlicher Terpene enthaltenden mit Chlorallösung mischbar; von Terpentinöl, Wachholderbeeröl, Citronenöl und Rosmarinöl genügt dagegen schon ein Tropfen, um 5 cc der Chlorallösung zu trüben. Von allen untersuchten fetten Oelen mischen sich nur Ricinusöl, Arachisöl, Sesamöl und Leinöl mit der Chlorallösung.

4) Concentrirte Kalilauge, aus 1 Theil Kaliumhydroxyd und 1,5 Theilen Wasser hergestellt, löst die fetten und ätherischen Oele nicht.

5) Verdünnte Kalilauge, aus 1 Theil Kaliumhydroxyd und 9 Theilen Wasser hergestellt, verhält sich gegen die Oele wie das vorige Reagens.

6) Chloroform (sp. Gew. 1,495 mischt sich mit den fetten und den ätherischen Oelen.

7) Petroleumäther (Siedepunkt 60° C.) verhält sich wie Chloroform.

8) Aether (alkoholfrei und mit Wasser gesättigt) verhält sich gegen fette und ätherische Oele wie Chloroform.

9) Eine Temperatur von 130° C. genügt, um aus dünnen Schnitten alles ätherische Oel zu verjagen; das fette Oel bleibt dabei zurück. Man erhitzt die frischen Schnitte, ohne sie mit einem Deckglas zu bedecken, in einem Wärmkasten (Luftbade) von constanter Temperatur 10 Minuten auf 130° C. Nach dieser Operation betrachtet man die Schnitte, indem man sie in Wasser oder Chlorallösung legt.

10) Ueberosmiumsäurelösung (1 + 19 Wasser) bräunt oder schwärzt ätherische und vorzüglich auch fette Oele sofort. Terpentinöl, welches mit Ueberosmiumsäure 5 Minuten behandelt worden war, löste sich noch völlig in Aether: Mandelöl, in gleicher Weise behandelt, war zum grössten Theil in Aether unlöslich geworden. Mit Ueberosmiumsäure behandeltes Ricinusöl löste sich nur sehr langsam im Chloral.

11) Concentrirte Salzsäure verändert ätherische und fette Oele nicht wesentlich.

Da die sogenannten Oeltropfen der Autoplasten einer ganzen Reihe von Musaceen durch Bauma's Untersuchung am längsten bekannt sind, so wollen wir ein Beispiel dieser zuerst mit unseren Reagentien untersuchen und dann erst die neu aufgefundenen analogen Fälle solcher Einschlüsse bezüglich ihres Verhaltens prüfen.

Bauma fand sogenannte Oeltropfen bei *Strelitzia Nicolai. ovata, Reginae, farinosa, Augusta, Princeps* und bei *Musa coccinea, Tacca hort., paradisiaca. Sapientum* (53, p. 531). Ich habe ähnliche Einschlüsse auch in den Autoplasten folgender Monocotyledonen gefunden: *Bromelia Ananas, Billbergia Quesneliana* und *pyramidata*, *Pitcairnia albucaefolia, Hohenbergia strobilacea, Dracaena fragrans* und *umbraculifera, Agave lurida*.

Uebrigens führt auch Wikanek in seiner Notiz über das Hypochlorin (49, p. 2) für *Billbergia iridifolia* und *Reineckia carnea* ölartige Einschlüsse in den Autoplasten an, so dass das Auftreten stark lichtbrechender tröpfchenartiger Massen in den Autoplasten bei den Monocotyledonen ziemlich verbreitet zu sein scheint.

Betrachten wir also zunächst die Oeltröpfchen führenden Autoplasten von *Strelitzia Reginae*.

Wie schon Unten richtig beobachtete, finden sich die Kügelchen, wie wir die stark lichtbrechenden, kugelförmigen Massen kurz nennen, welche wir näher untersuchen wollen, hauptsächlich in älteren Blättern von *Strelitzia* (53, p. 532). Junge Blätter führten im Juni in ihren Autoplasten keine Kügelchen, sondern sehr kleine, mit der Jodchloralreaction nachweisbare Stärkekörnchen oder waren auch stärkefrei. Es hängt, wie schon Gonlkwsei annimmt, wohl nur von den mehr oder weniger günstigen Vegetationsbedingungen ab, ob in den Autoplasten der jungen Blätter Stärke auftritt oder nicht; die Autoplasten älterer Blätter, welche immer Kügelchen enthalten, scheinen niemals Stärke zu führen.

Die Kügelchen der Autoplasten älterer Blätter verhalten sich nun folgendermassen gegen unsere Reagentien.

1) Eisessig löst sie nicht, sondern bewirkt, weil er das Gerüste dehnt, sogar ein stärkeres Hervortreten der Kügelchen.

2) Weingeist löst sie;

3) Chloral löst sie sofort;

4) Concentrirte Kalilauge scheint die Kügelchen zu lösen, doch gestattet die Reaction immer einige Zweifel, da die Autoplasten dabei zu stark verändert werden, so dass die Kügelchen auch hierdurch unsichtbar werden könnten.

5) Aether löst sie sofort. Man behandelt bei Ausführung dieser Reaction die Autoplasten am besten zuerst mit Eisessig und verdrängt diesen durch Aether.

11) Concentrirte Salzsäure löst nicht.

Ausserdem prüfte ich das Verhalten einer Sodalösung ($1 + 2$ Wasser) und einer gesättigten Kochsalzlösung gegen die Kügelchen; beide Reagentien verändern die Kügelchen nicht.

Die Autoplasten der jüngeren und älteren Blätter von *Agave americana* und eines älteren Blattes von *Agave lurida* fand ich völlig stärkefrei. Das ältere Blatt von *Agave lurida* besass auffallend deutliche Kügelchen in seinen Autoplasten, die ganz denen der *Strelitzia*-Arten glichen. Die Epidermiszellen enthielten nun den Zellkern angehäuft eine Anzahl von grossen, stark lichtbrechenden Körpern von tropfenähnlichem Aussehen; andere grosse Tropfen lagen im Protoplasma der Schliesszellen der Spaltöffnungen neben etwas Stärke.

Die Kügelchen von *Agave lurida* verhielten sich bei Ausführung der Reaction 1, 2, 3, 4, 5 ganz wie die von *Strelitzia*; dagegen verhielten sich die Tropfen der Epidermis und der Spaltöffnungsschliesszellen vollkommen verschieden von diesen. Ich will das Verhalten der drei Körper nebeneinanderstellen.

	Kügelchen	Tropfen der Epidermis	Tropfen der Schliesszellen
1) Eisessig	unverändert	unverändert	unverändert
2. Weingeist	gelöst	gelöst	unverändert
3) Chloralösung	sofort gelöst	nicht gelöst	unverändert
4) Kalilauge conc.)	wahrscheinlich gelöst		unverändert
5) Aether	gelöst		sofort gelöst
10) Ueberosmiumsäure	schwachbräunlich	kaum und langsam gefärbt	sofort tiefschwarz

Nach der Härtung mit Osmiumsäure werden alle drei Körper weder von Kalilauge noch von Chloral oder Aether gelöst.

Billbergia pyramidalis ist ein schönes Beispiel für das Vorkommen der Kügelchen neben Stärkekörnern im Autoplasten. In jungen Blättern fand ich im Juli die Autoplasten mit kleinen Amylumkörnchen gefüllt, Kügelchen konnte ich nirgends sehen. Diese traten vielmehr, wie immer, erst in späteren Alterstadien der Autoplasten auf. Am deutlichsten waren sie in ganz alten, aber noch schön grünen Blättern in den äussersten grünen Parenchymzellen der Oberseite des Blattes zu sehen. Hier fehlte häufig die Stärke ganz, während tiefer liegende Zellen grosse Stärkekörner neben den Kügelchen in den Autoplasten erkennen liessen. Die Autoplasten der ältesten Blätter erschienen häufig sehr transparent und unregelmässig geformt, so dass man nicht zweifeln konnte, dass hier schon degradirte Autoplasten vorlagen; dennoch waren die Kügelchen deutlich vorhanden!

Gegen Reagentien verhielten sich die Kügelchen von *Billbergia* ganz wie die von *Agave*. Auch *Bromelia Ananas* enthält in den jungen Blättern nur Stärke, niemals deutliche Kügelchen in den Autoplasten. In den älteren Blättern findet man auch hier die Autoplasten der ersten grünen Zellen der Blattoberseite fast stärkefrei und zur Erkennung der Kügelchen sehr geeignet. Die Reactionen der Kügelchen sind dieselben wie diejenigen der *Agave*-Kügelchen.

Was die Structur der Autoplasten aller der Pflanzen anbelangt, bei welchen ich Kügelchen fand, ist zu bemerken, dass alle Autoplasten der jungen Blätter zart aber deutlich die normale körnige Structur zeigten und durch Wasser sehr leicht in normaler Weise (Siehe p. 25 d. A.) vacuolig wurden. Die Autoplasten der älteren Blätter verlieren diese Eigenschaft mehr und mehr und erlangen dafür die Fähigkeit durch die Einwirkung des Wassers homogen zu werden und sich zu dehnen. Ganz alte Autoplasten erscheinen oft im intacten Zustande sehr transparent und gleichsam wie auseinandergeflossen. In Autoplasten von mittlerem Alter sieht man häufig schon in dem ungedehnten Organe deutlich die Körner liegen; doch erscheinen sie hier von einer dunkelgrünen Masse umhüllt und wenig durch ihre Lichtbrechung hervortretend.

Nach der Einwirkung des Wassers dehnen sich die Autoplasten dann sehr stark, und die Kügelchen treten scharf hervor, wie ich es in Fig. 19 für einen Autoplasten von *Bromelia Ananas* gezeichnet habe. Der Grund des stärkeren Hervortretens der Kügelchen liegt, wie schon gesagt, nur in dem Transparentwerden des Autoplasten.

Wenn man schwache Chlorallösung oder Spiritus auf die Autoplasten einwirken lässt, welche Kügelchen enthalten, so sieht man die letzteren gelöst werden und an Stelle derselben eine Vacuole erscheinen, welche dieselbe Form hat wie diejenige, welche nach Auflösung eines Granum zurückbleibt. Da man hie und da neben den Kügelchen, vorzüglich in jüngeren Autoplasten, Grana bemerken kann, so wäre es möglich, dass die Kügelchen innerhalb der Grana lägen und ein Product derselben vorstellten. Die Kügelchen könnten aber eben so gut aus den Grana durch Umwandlung derselben beim Altern der Autoplasten entstanden sein.

Die Frage nach dem physiologischen Werthe der Kügelchen beschäftigt uns hier nicht; bei Abhandlung derselben wäre aber die Entstehung der Kügelchen in älteren Autoplasten, das Vorhandensein derselben in degradirten Autoplasten, das Nichtverschwinden der Kügelchen bei lange dauernder Verdunkelung der Blätter (55) zu berücksichtigen. Von besonderem Interesse für die physiologische Betrachtung dieser Kügelchen wird ausserdem das Resultat sein, welches wir aus den oben beschriebenen Reactionen ableiten können.

Es geht nämlich aus dem Verhalten der Kügelchen mit genügender Gewissheit hervor, dass sie **nicht aus fettem Oele** (im exacten chemischen Sinn) bestehen.

Diese Behauptung stützt sich zuerst auf das Verhalten der Kügelchen gegen Spiritus und Eisessig. Während die fetten Oele, welche von Spiritus gelöst werden, auch mindestens eben so gut in Eisessig löslich sind, werden die Kügelchen äusserst leicht von Weingeist aufgenommen, in dem nur sehr wenige fette Oele löslich sind, von Eisessig aber gar nicht verändert. Ferner schwärzen sich die Kügelchen durch Ueberosmiumsäure nur sehr langsam, während sich fettes Oel sofort mit diesem Reagens tief dunkelbraun oder schwarz färbt.

Wenn die Kalilauge die Kügelchen löst, was zwar nicht sicher, aber wahrscheinlich der Fall ist, so spricht auch diese Reaction gegen die Oelnatur des Körpers. Sehr wichtig für diese Frage scheint mir auch das auf der vorhergehenden Seite für *Agave* mitgetheilte differente Verhalten

32

zwischen den in den Spaltöffnungsschliesszellen vorkommenden Tropfen, welche allen Reactionen und ihrem Vorkommen nach wohl sicher als fettes Oel anzusehen sind, und den Kügelchen.

Auch die Uebereinstimmung der Reactionen der Kügelchen in den verschiedenen Pflanzen, welche annehmen lässt, dass hier überall der gleiche Körper vorliegt, scheint mir gegen die Oelnatur der Kügelchen zu sprechen, da es unwahrscheinlich ist, dass alle diese Pflanzen dasselbe fette Oel enthalten.

Aus welchen chemischen Verbindungen die Kügelchen bestehen, ist vorläufig nicht zu sagen; vielleicht sind die Kügelchen eben so complicirt zusammengesetzt wie das Chlorophyllan und, wie diese, bei allen Pflanzen gleich zusammengesetzt.

Nun sind nur noch die Seite 15 d. A. erwähnten durch Jod roth werdenden Einschlüsse zu besprechen, welche SACHS auffand. Es sind dies wahrscheinlich durch Ferment veränderte Stärkekörner. Ich habe ein solches Stärkekorn, welches sich mit Jod roth oder braun färben lässt, von *Iris* in Fig. 17 abgebildet. Man findet derartige Einschlüsse der Autoplasten meist leicht in den Blattstielen oder Basaltheilen der Blätter aller derjenigen Pflanzen, welche in den Autoplasten der Blätter unter gewöhnlichen Verhältnissen keine oder wenig Stärke erzeugen. Ich begnüge mich hier mit dieser kurzen Notiz über die fraglichen Einschlüsse, weil ich die letzteren in einer anderen Arbeit näher besprechen muss.

Hiermit wollen wir dieses Capitel schliessen. Eine Zusammenstellung der Resultate wage ich am Ende desselben nicht zu geben, da mir das meiste, was sich aus dem Gesagten ableiten lässt, zu unsicher scheint, um in kurze Sätze gefasst werden zu können, in denen sich eine Vermuthung leicht wie eine unumstössliche Wahrheit ausnimmt.

Capitel III.

Einiges über die Veränderungen, welche die Autoplasten bei der Metamorphose zu Anaplasten und Chromoplasten erleiden.

Bei genauer Beobachtung findet man zwischen gleichaltrigen Autoplasten der verschiedenen Pflanzen oft deutliche Unterschiede bezüglich der Empfindlichkeit gegen Reagentien, bezüglich der Menge des in ihnen enthaltenen Chlorophylls, bezüglich der Grösse der Grana u. s. w., und es wäre die morphologische Vergleichung der verschiedenen Autoplasten eine höchst wünschenswerthe Arbeit. Ebenso muss die Vergleichung der Anaplasten verschiedener Gewächse interessante Resultate liefern, um so mehr als dieselben schon bei oberflächlicher Betrachtung oft sehr erhebliche Differenzen im Bau und Chemismus aufweisen. Eine noch interessantere und fruchtbringendere Aufgabe scheint mir aber die Vergleichung zwischen Structur und chemischer Beschaffenheit der einer Pflanze angehörenden Anaplasten, Autoplasten und Chromoplasten zu sein. Bei eingehender und an vielen Pflanzen wiederholter Beobachtung in dieser Richtung müsste es sich, so scheint es mir, zeigen, welche Körper die wesentlichste Grundlage des Trophoplasten bilden, und welche Substanzen für die oder jene Metamorphose des Chlorophyllkornes charakteristisch und unentbehrlich sind. Es würde so die Morphologie auch der Physiologie einen wichtigen Dienst leisten, da die

Functionen der Trophoplasten mit ihrer Structur und ihrem Chemismus sicher im innigsten Zusammenhange steht.

Einen kleinen Beitrag zu dieser wichtigen und weiten Frage sollen die folgenden Beobachtungen bilden, die wenigstens zeigen dürften, welch grosses Arbeitsfeld hier noch vorliegt.

Die Trophoplasten von Yucca filamentosa.

Die Blätter von *Yucca filamentosa*, welche ich im Mai, Juni und Juli untersucht habe, liessen in ihren Autoplasten niemals Stärke erkennen. Nur in den Trophoplasten der Gefässbündelscheide des unteren Blatttheiles konnte ich Stärkekörner finden, welche sich mit Jod violett oder roth färbten. Auch in den Spaltöffnungsschliesszellen der unteren Blatthälften konnte ich im Mai Stärke nachweisen; doch traten häufig im Plasma der Spaltöffnungsschliesszellen stark lichtbrechende Tropfen auf, und dann fehlte daselbst die Stärke. Auch junge Blattorgane enthielten Tropfeneinschlüsse (Oel?) im Plasma und keine Stärke. In den unterirdischen Theilen der Pflanze fand ich im Winter reichliche Mengen von Zucker, aber weder grössere Mengen von Oel noch irgend welche Stärkekörner.

Trotzdem nun Stärkekörner nur in **wenigen** Zellen vorkommen, finden sich doch in **allen** Parenchymzellen der Pflanze ausgebildete **Trophoplasten**.

Die äussersten Lagen des Parenchyms der Laubblätter besitzen relativ kleine, dunkelgrüne, stärkefreie, sehr feinkörnige Antoplasten (Fig. 19), welche sich gegen Wasser ziemlich indifferent zeigen, so lange sie in der unverletzten Zelle liegen; wird die letztere verletzt, so zerfallen die Autoplasten zu einer sehr feinkörnigen Masse. Das Gerüste der mit Alkohol behandelten Autoplasten erscheint sehr fein vacuolig.

Mehr nach der Basis des Blattes zu, wo dasselbe noch grün, aber schon etwas fleischig ist, sind die Autoplasten der äussersten Parenchymzellenschichten etwas grösser als die vorher beschriebenen; aber im Inneren des hellgrünen Blatttheiles nimmt die Grösse und Intensität der Färbung der grünen Trophoplasten sehr ab (Fig. 20). Nur in der Umgebung der Gefässbündel bleiben die Trophoplasten etwas grösser und führen mit Jod roth oder violett werdende Stärkekörner.

In den nicht völlig entwickelten Zellen der weissen, fleischigen Blattbasis sind alle Trophoplasten sehr klein und fast farblos, sowohl die des Parenchyms (Fig. 21) als die der Epidermis (Fig. 22). Die Trophoplasten der Gefässbündelumgebung führen auch hier Stärkekörner (Fig. 23).

Die Epidermis der oberen Laubblatttheile enthalten völlig farblose Trophoplasten, welche den Autoplasten an Grösse gleichkommen (Fig. 24). Diese Anaplasten führen niemals Stärke; sie sind ganz homogen, enthalten aber meist einen Einschluss (*E*) von stärkerem Lichtbrechungsvermögen. Dieser Einschluss färbt sich mit Jod und mit Ueberosmiumsäure nicht. In der Epidermis des hellgrünen Theiles der Blattbasis finden sich hier und da sehr schwach grün gefärbte Trophoplasten, was beweist, dass ein Ergrünen dieser farblosen Trophoplasten im schwachen Lichte noch möglich ist (Fig. 25).

Den Anaplasten der Epidermis des Blattes gleichen vollständig diejenigen des Rhizoms. Auch sie bestehen aus einer homogenen Substanz und führen meist einen Einschluss (Fig. 26).

Wasser quellt diese Anaplasten etwas, wenn sie aus der Zelle herausgespült sind, macht sie aber niemals vacuolig.

Ueberosmiumsäure härtet die Anaplasten, schwärzt aber weder sie noch den Einschluss. Chloral wirkt nach der Osmiumsäureeinwirkung noch ziemlich stark quellend.

Chloral löst erst den Einschluss unter Quellung, dann quellen die Anaplasten selbst sehr stark auf.

Salzsäure contrahirt die Anaplasten wie den Zellkern; Tropfen treten nicht aus; Vacuolen erscheinen nicht, die Anaplasten werden nur unregelmässig contrahirt (Fig. 27).

Alkohol contrahirt die Anaplasten zu spindelförmigen Massen, welche durch Eisessig viel bedeutender quellen als der Zellkern, nach der Behandlung mit Eisessig durch wässrige Methylgrünlösung viel weniger als dieser gefärbt erscheinen und dann keine regelmässigen Vacuolen zeigen. Die gewöhnlich keine Stärkekörner in oder an sich ausbildenden typischen Autoplasten (der Blätter) von *Yucca* verlieren also bei ihrem Uebergang in farblose Trophoplasten ihre körnige Structur und die Fähigkeit durch Wasser vacuolig zu werden. In dem chlorophyllfreien Trophoplasten tritt meist deutlich ein einziges kleines Korn auf, über dessen Natur man noch nichts bestimmtes aussagen kann; doch besteht es sicher nicht aus Oel. Stärke entsteht nur in den Trophoplasten der Gefässbündelscheide; es ist dabei gleich, ob die dort befindlichen Trophoplasten grün oder farblos sind. Die Grösse der ellipsoiden Fläche des Trophoplasten nimmt bei seinem Uebergange aus dem Autoplastenzustande in den des Anaplasten nicht ab, wohl aber scheint seine Masse etwas geringer zu werden. Zwischen den Anaplasten der Blattepidermis und des Rhizoms ist vorläufig kein Unterschied zu constatiren. Die Gerüstmasse, welche nach Behandlung des Anaplasten mit Alkohol zurückbleibt, scheint kleiner zu sein als die der Autoplasten.

Die Trophoplasten von Iris germanica.

Die Eigenschaften der Autoplasten von *Iris germanica* haben wir schon früher (p. 17 u. 26 d. A.) besprochen. Während die Autoplasten von *Yucca* und *Iris* keine auffallenden Unterschiede zeigen, treten bei der Metamorphose derselben zu Anaplasten eine Reihe sehr deutlicher Differenzen hervor.

Betrachten wir zuerst die am besten entwickelten Anaplasten, die des Rhizoms (Siehe hierzu 3, pg. 695, 593 und 28, No. 52), so finden wir dieselben farblos oder schwach gelblich und sehr charakteristisch feiner oder gröber körnig, dabei nicht kleiner als die Autoplasten des Blattparenchyms. Sie erscheinen nicht so flach als die Anaplasten von *Yucca*, sondern meist kugelförmig (Fig. 28, a); selbst dann, wenn grosse Stärkekörner an ihnen wachsen, runden sie sich möglichst ab (28, Taf. IX, Fig. 5). Die Anaplasten von *Iris* verhalten sich gegen Reagentien folgendermassen:

1) Wasser dehnt die Anaplasten langsam, dann quellen dieselben plötzlich stark, die Körnchen gerathen in Bewegung und vertheilen sich endlich im Zellsafte, wonach die Anaplasten für das Auge verschwunden sind.

2) Eisessig lässt bei directem Zusatze zum frischen Schnitte die Körnchen der Anaplasten zu grösseren Tropfen zusammenfliessen und löst sie nicht. Krystalle-ähnliche wie die des Chorophyllan entstehen nicht.

3) Spiritus (0,83 sp. G.) löst die Körnchen sofort, welche im Anaplasten enthalten sind. Legt man ganze Rhizomstücke in absoluten Alkohol, so bleibt nur ein kleiner Rest von jedem Anaplasten zurück (Fig. 28, c). Der grösste Theil der Anaplasten scheint wie das übrige Plasma vor der Härtung völlig zu zerfallen, da es durchaus nicht in allen Zellen gelingt, die Reste der Anaplasten aufzufinden. Sogar quecksilberchloridhaltiger Alkohol hindert den Zerfall nicht.

4) Chlorallösung schmilzt gleichsam die Anaplasten zu einer homogenen (Fig. 28, b) Masse zusammen und löst und verquellt dieselben so, dass die Auffindung eines Restes nicht mehr gelingt.

5) Kalilauge conc., 1 Kaliumhydroxyd + 2 Wasser löst die Anaplasten nicht, verändert aber ihre Gestalt. Die Körnchen scheinen sich nicht zu lösen, fliessen aber zu unregelmässigen Massen zusammen. Man behält so in den Zellen nur die unregelmässig zusammengeflossenen Anaplasten zurück, während die Stärkekörner völlig verquellen.

6) Aether. Behandelt man erst einen Schnitt des Rhizoms, dessen Anaplasten keine Stärkekörner besitzen, mit Eisessig und lässt dann Aether hinzufliessen, so lösen sich sofort alle Körner, und es bleibt ein sehr zartes, fein vacuoliges, scharf umschriebenes Gerüste

übrig. welches in manchen Fällen einen kernartigen, scharf hervortretenden Einschluss enthält, der dem des Yucca-Anaplasten sehr ähnlich sieht.

7. Ueberosmiumsäure. Durch Ueberosmiumsäure färben sich die Anaplasten von Iris in den ersten zehn Minuten nur hellbraun; erst bei sehr langer Einwirkung der Säure färben sie sich schwarz. a) Wasser verändert die durch Osmiumsäure gehärteten Anaplasten nicht mehr, b. Chloral quellt sie nur wenig. c) nur beim Einlegen der mit Osmiumsäure behandelten Schnitte in viel absol. Alkohol scheint nach längerer Zeit eine Verminderung der Substanz der Anaplasten einzutreten. Fig. 30 zeigt so behandelte Anaplasten, bei welchen jetzt eine unregelmässige Körnelung deutlich hervortritt.

b) Eisenchloridlösung ,1 Theil Liquor ferri sesquichlorati. 50 Theile Wasser färbt die Anaplasten wenig bläulichschwarz oder gelbbräunlich.

9 Salzsäure, verdünnte (1 Salzsäure, sp. Gew. 1,121. + 1 Wasser), contrahirt die Anaplasten und bewirkt Tropfenausscheidung (Fig. 29), wenn man sie längere Zeit einwirken lässt.

Aus diesem Verhalten der Anaplasten ersehen wir, dass mit dem Autoplasten von Iris eine sehr eingreifende Veränderung vor sich geht, wenn er sich in einen Anaplasten umwandelt. Das Chlorophyll verschwindet, da wir keine Chlorophyllbukrystalle erzeugen können, wie wohl immer, mit dem Chlorophyllfarbstoffe. Das Gerüste wird substanzärmer, wie man schon aus Fig. 32, b und Fig. 28, e erkennen kann, und leichter zerstörbar; trotzdem nimmt die Grösse des Trophoplasten nicht ab, es müssen also andere Substanzen hinzukommen, welche sein Volumen vermehren. Eine dieser Substanzen tritt uns in den Körnchen entgegen. welche in ihren Reactionen sehr mit den Kügelchen der Autoplasten übereinstimmen, welche wir p. 29 d. A. kennen gelernt haben. Aus einigen Reactionen (vorzüglich 7, 6) scheint hervorzugehen, dass auch noch andere Substanzen in dem Anaplasten vorkommen. Während in den Autoplasten des Laubblattes nur kleine und höchstens durch Jod violett werdende Amylumkörner ausgebildet werden, wachsen an den Anaplasten meist grosse Stärkekörner.

Die Anaplasten der Epidermis des Irisblattes sind denen des Rhizoms ähnlich. nur viel kleiner (Fig. 31, b.), die der Spaltöffnungsschliesszellen (Fig. 31, a) sind etwas grösser als die der Epidermiszellen, sonst diesen gleich. Die Autoplasten der Schliesszellen führen übrigens kleine Stärkekörnchen in ihrer Masse, während die Anaplasten der Epidermiszellen stärkefrei sind.

Uebergänge zwischen grünen Trophoplasten und den farblosen findet man in der Laubblattbasis. Wo diese noch grünlich ist, sieht man fast homogene, hellgrüne Trophoplasten (Fig. 31, c., da, wo sie weiss erscheint, sind die Trophoplasten körnig und farblos. Ueberall in den wenig entwickelten Zellen der Blattbasis ist die Grösse der Trophoplasten eine relativ geringe. In den Blüthenblättern, welche ihre Farbe einem gefärbten Zellsafte verdanken, bleiben die Trophoplasten denen der Blätter ähnlich, sind aber viel kleiner, häufig relativ stark körnig und meist schön grün. In Zellen mit sehr stark gefärbtem Zellsafte sind die Trophoplasten meist sehr klein und deshalb schwierig nachzuweisen.

Es sei hier erwähnt, dass bei Iris pseudacorus, wo auch im October nur wenig Stärke im Rhizome vorkommt, die Anaplasten denen von Iris germanica sehr ähnlich sehen; doch wächst hier die Stärke nicht an dem Anaplasten sondern scheidet sich in demselben in kleinen Körnchen aus. Fig. 33 zeigt den Kern einer Zelle, umgeben von einigen Anaplasten.

Die Trophoplasten von Adoxa moschatellina.

In den Anaplasten von Adoxa haben wir ein Beispiel einer schon etwas bedeutenderen Abnahme der Grösse und Masse des Trophoplasten bei seinem Uebergange aus dem Autoplastenzustande zu dem des Anaplasten.

Während in dem Autoplasten der Laubblätter von Adoxa nur kleine Stärkekörnchen unter günstigen Verhältnissen ausgebildet werden, wachsen an den Anaplasten des Rhizoms und der farblosen Schuppenblätter des letzteren auffallend grosse Amylumkörner, meist einzeln an jedem Anaplasten. Durch die wachsenden Stärkekörner werden die Anaplasten meist so breitgedrückt und verdeckt, dass man sie nur sehr schwierig erkennen und leicht auf den Gedanken gerathen kann, die Anaplasten seien ganz verschwunden. Sobald aber die grossen Stärkekörner gelöst werden, was spontan im Frühjahr stattfindet und künstlich leicht durch Einbringen der Adoxapflanzen in eine kohlensäurefreie Atmosphäre erreicht werden kann, treten die Anaplasten wieder leicht erkennbar hervor und erscheinen dann als nicht ganz homogene, runde, farblose Körper ¡Fig. 31. Setzt man solche ausgehungerte Rhizome dem Lichte aus, so ergrünen die Anaplasten, wachsen aber nicht heran zur normalen Grösse der Autoplasten: findet sich dagegen in der Zelle, welcher die Anaplasten angehören noch genügendes Reservematerial in Form von Stärke vor, so wandeln sich die Anaplasten in normale, grosse Autoplasten um, wenn man sie dem Lichte exponirt¹. Es scheint, als ob nicht nur durch die Entstehung des Chlorophylls in der Gerüstemasse die Vergrösserung des Trophoplasten zu Stande käme, sondern dass zugleich ein Wachsthum des Gerüstes selbst stattfände, welches also dann ebenfalls durch das Licht eingeleitet würde.

Die Beschreibung einiger bezüglich der Grösse und inneren Differenzirung sehr reducirten Trophoplasten mag hier noch Platz finden.

Bei *Dahlia variabilis*, *Inula Helenium*, *Beta vulgaris*, deren Autoplasten normal entwickelt sind und Stärkekörner erzeugen, bleiben die Trophoplasten der stärkefreien, inulin- oder zuckerhaltigen Reservestoffbehälter auf einer — was die erkennbare morphologischeEntwickelung anbelangt — sehr niederen Stufe der Ausbildung stehen.

Ich möchte dabei aufmerksam machen, dass aus dieser geringen Mächtigkeit des Organes noch kein Schluss auf eine relativ geringe physiologische Leistungsfähigkeit gemacht werden darf, dass es immerhin aber eine auffallende Erscheinung ist, wenn wir bei zwei Inulin haltenden, stärkefreien Organen solche morphologisch reducirte Trophoplasten finden. Man darf übrigens nicht übersehen, dass wir schon unter den wenigen Beispielen von zuckerhaltigen Reservestoffbehältern in demjenigen von *Yucca* ein Beispiel mit schön grossen Anaplasten gefunden haben, welches zeigt, dass hier mit ähnlichen physiologischen Verhältnissen nicht immer ähnliche morphologische Hand in Hand gehen.

Nur bei sehr aufmerksamer Untersuchung gelingt es, im Winter vorzüglich, die Anaplasten des Rhizomes und der Wurzel von *Inula Helenium* aufzufinden. In Fig. 35 sind diese kleinen Trophoplasten mit dem Zellkerne abgebildet, wie sie im December gesehen wurden. Im Frühjahre, wenn die Blätter ausgebreitet sind, scheinen die Organe etwas deutlicher zu werden.

Etwas grösser und schärfer begrenzt erscheinen die Anaplasten der Knollen von *Dahlia variabilis* ¡Fig. 36;, welche häufig einen kleinen Einschluss enthalten, und die der Rübe von *Beta vulgaris* ¡Fig. 37;.

Die Trophoplasten von Canna gigantea

zeigen, wenn sie sich zu Autoplasten ausbilden, gewöhnlich die normale Structur und ein normales Verhalten. Die Anaplasten des Rhizomes sind ihrer Grösse nach denen der Autoplasten ähnlich, farblos oder schwach gelblich, unregelmässig körnig und enthalten meist ein oder mehrere Krystalloide von tafelförmig octaëdrischer, oft auch würfelförmiger Gestalt, wie sie Schimper, ihr Entdecker, beschreibt (3. p. 391. Diese Krystalloide sind wohl als Einschlüsse der Anaplasten aufzufassen, deren morphologische Bedeutung vorläufig als eine ähnliche wie die der Amylumsphärokrystalloide gedacht werden kann: ihre chemische Natur ist noch zu erforschen.

¹ Man vergleiche hiermit die Beobachtung von Mikosch Cap. VIII. d. A.

Die, wenn sie noch stärkefrei sind, kugelförmig erscheinenden Anaplasten des Cannarhizoms (3. Taf. XIII. Fig. 16) werden später durch die an ihnen wachsenden Stärkekörner in ihrer Form verändert, breitgedrückt, wie es ja auch die Anaplasten werden, in oder an denen ein grosses Stärkekorn heranwächst, und erscheinen dann etwa wie die Autoplasten in Schimper's Fig. 51. Veranlasst man durch Einbringen der Pflanzen in einen dunkelen Raum eine Lösung der Stärkekörner, welche an den Anaplasten des Rhizomparenchyms wachsen, so bleiben die Anaplasten in ihrer gedehnten, spindelförmigen Gestalt zurück. Ich habe in Fig. 55, b einen solchen halbmondförmigen Anaplasten abgebildet. Die Anaplasten contrahiren sich im allgemeinen erst wieder zu einer Kugel, wenn eine reichliche Zufuhr von zur Stärkebildung geeignetem Materiale nach dem Rhizome stattfindet. Dann gleichen sie im ausgebildeten Zustande unserer Fig. 55, a'; Fig. 55, a stellt einen noch nicht völlig abgerundeten Anaplasten neben dem Zellkerne dar.

Ergrünen die durch den Druck der wachsenden Stärkekörner spindelförmig gewordenen Trophoplasten des Rhizoms, so scheint sich nach Schimper's Abbildungen (Fig. 50, 53) ihre Form nicht wesentlich zu ändern, und auch die Krystalloide scheinen dabei nicht sofort gelöst zu werden. Ich selbst habe keine ergrünten Rhizome untersucht.

Die Trophoplasten von Acanthephippium silhetense und Phajus grandifolius [1].

Nach Schimper's Angaben (3, p. 890) zu urtheilen, läge für die Trophoplasten von *Phajus grandifolius*, mit denen diejenigen von *Acanthephippium silhetense* fast völlig übereinstimmen, ein sehr merkwürdiger Fall einer abnormen Metamorphose der im vorigen Capitel (p. 23, 26 etc. d. A.) ausführlich beschriebenen, normal gebauten Autoplasten zu eigenthümlichen, spindelförmigen oder stabförmigen Anaplasten vor. Schimper nimmt an, dass die spindelförmigen Körper, welche schon in den jüngsten Zuständen der Zellen zu finden sind und mit den Stärkekörnern zugleich an Grösse zunehmen (3, p. 891), Stärkebildner, also Anaplasten, sind (3, p. 889). Diese spindelförmigen Anaplasten erscheinen nach Schimper an der an das Stärkekorn angrenzenden Schicht »zarter und mehr oder weniger gequollen«, sie werden nach und nach weniger dicht und beständig, dann auf etwas gequollenen Schleim reducirt und verschwinden schliesslich. Wenn man diese Anaplasten belenchtet, so gehen dieselben in stabförmige Chlorophyllkörner über (3, Taf. XIII, Fig. 42?) sind sie schon auf etwas Schleim reducirt, so nimmt dieser eine grüne Farbe an, und in den Rindenzellen der Knolle von *Phajus* findet nur eine partielle Umwandlung der Anaplasten zu Chlorophyllkörnern statt, indem »derjenige Theil der Stärkebildner, welchem das hier immer sehr kleine Stärkekorn aufsitzt, zu einem länglichen Chlorophyllklümpchen wird« (siehe auch über die letztere Erscheinung 43).

Wie gesagt, lägen hier, wenn Schimper's Auffassung, dass die Spindeln selbst die Trophoplasten sind, richtig wäre, sehr eigenthümliche Verhältnisse vor; aber es stellt sich bei sorgfältiger Untersuchung der Thatsachen heraus, dass eine andere Anschauung über die Natur der Spindeln viel näher liegt und den Thatsachen ihre Abnormität raubt.

Betrachten wir, um uns über die in Rede stehenden Verhältnisse klar zu werden, die Thatsachen, wie ich sie bezüglich der Trophoplasten von *Phajus* und *Acanthephippium* beobachtete, einmal etwas genauer.

In einem 3 cm langen, jungen Laubblatte sah ich in den Parenchymzellen die schon grünen Trophoplasten mit solchen farblosen Spindeln versehen, welche Schimper als Stärkebildner bezeichnet und nur an seinen farblosen oder ergrünten Stärkebildnern beobachtet hat. Diese Spindeln waren auch noch in einem 3 dcm langen, schön grünen Laubblatte zu finden, dessen unterer

[1] Vergleiche auch Oxis' Angaben (43, p. 195 u. f. über *Phajus grandifolius*, *Phajus Wallichii*, *Phajus Tankervilliae*, *Acanthephippium*.

Theil noch von den älteren Blättern umschlossen war. Fig. 38 stellt die Autoplasten dieser Blätter mit den daran sitzenden farblosen Spindeln dar.

In völlig ausgebildeten Blättern fand ich bei *Phajus* die Spindeln nicht mehr; dagegen gelang es mir (1. April) an vielen erwachsenen Autoplasten der Parenchymzellen völlig entwickelter Laubblätter von *Acanthephippium silhetense* gut ausgebildete Spindeln aufzufinden.

Auch in den hellgrünen Schuppenblättern der Laubknospe und des Blüthenstandes von *Phajus* fand ich die dunkelgrünen Trophoplasten der Parenchymzellen mit farblosen Spindeln versehen, welche hier schon über die Autoplasten hinüberragten (Fig. 39.

In den Epidermiszellen der erwachsenen Laubblätter sind die Trophoplasten meist viel kleiner als diejenigen des Blattparenchyms, mehr oder weniger, stets aber sehr schwach grün, rund oder selten etwas gestreckt Fig. 10). Spindeln fand ich nur in einem Falle in sehr rudimentärer Form. Diese Trophoplasten gleichen in ihren Reactionen den Autoplasten im allgemeinen, wenn man berücksichtigt, dass sie sehr wenig Chlorophyll enthalten.

Ganz wie diese reducirten Autoplasten verhalten sich die fast farblosen Massen, welche als schwer erkennbare Anhängsel an den langen, nadelartigen, farblosen Spindeln der Epidermiszellen der Knolle von *Phajus* sitzen (Fig. 11c).

Eine ganz ähnliche, aber völlig farblose Masse sitzt auch an den farblosen Spindeln, welche im Parenchym der Knolle liegen. Hier kann man diese, den fast farblosen Trophoplasten der Epidermis ähnlichen, körnigen Massen relativ leicht beobachten, wenn man die Schnitte der Knolle in Ueberosmiumsäurelösung einträgt. An dieser Masse wachsen stets die Stärkekörner, und sie ist es, welche SCHIMPER mit Jod nachgewiesen hat, welche er in seiner Figur 11 abbildet, und welche er als eine mehr oder weniger gequollene Schicht des Stärkebildners bezeichnet (3, p. 590). Ich habe diese farblose Masse nur in Verbindung mit Spindeln gefunden, niemals ohne diese, doch geht aus SCHIMPER's Angabe, dass die spindelförmigen Stärkebildner zu etwas farblosem Schleim reducirt werden können, welcher zu ergrünen vermag (3, p. 895), hervor, dass er diese Massen ohne Spindeln gesehen hat.

Fassen wir nun diese farblose Masse, welche nie zu fehlen scheint, wo Stärkekörner oder Spindeln in einer Zelle vorkommen, als den eigentlichen Trophoplasten auf, an dem sowohl Stärkekorn als Spindel wächst, und welcher allein ergrünen kann, so finden wir plötzlich alle Thatsachen in sehr einfacher Uebereinstimmung mit allem, was wir bisher über die Trophoplasten kennen gelernt haben, alles Abnorme, was SCHIMPER's Auffassung den Thatsachen aufbürdet, schwindet sofort, und überall treten Analogieen mit Bekanntem leicht und scharf hervor.

Ebenso wie wir in jungen Zellen oft grosse Stärkekörner antreffen, an denen die jungen Trophoplasten häufig kaum zu erkennen sind, treten dann bei *Phajus* die schon in sehr jungen Stadien an dem Trophoplasten wachsenden Spindeln hervor und verdecken den ersteren (3, Taf. XIII, Fig. 33). Dann wachsen auch Stärkekörner an dem Trophoplasten neben den Spindeln (3, Taf. XIII, Fig. 34, und nun bilden sich entweder Spindeln Fig. 41 u. 39) und Stärkekörner ziemlich gleichmässig (3, Taf. XIII, Fig. 38) oder auch ungleichmässig (3, Taf. XIII, Fig. 36) aus, oder eines der Anhängsel des Trophoplasten wird völlig gelöst oder auch beide verschwinden.

Die Spindeln können dann auch ungelöst bleiben, wenn der Trophoplast ein Autoplast im Parenchym des Laubblattes wird, und wenn er aus Producten der assimilirenden Thätigkeit der Blattparenchymzelle Stärkekörner bildet (*Acanthephippium*), oder sie können in einem gewissen Stadium der Entwickelung des Autoplasten gelöst werden, wie es ja auch mit der Stärke geschieht, welche in den Trophoplasten junger Laubblätter häufig als Reservematerial aufgespeichert vorkommt.

Gegen diese Auffassung scheint nur die Angabe Schimper's zu sprechen, dass die Spindeln ergrünender Knollen in gestreckte Autoplasten übergehen (3, p. 595; Taf. XIII. Fig. 42 und 43). Aber man überzeugt sich leicht, sowohl bei *Phajus* als bei *Acanthephippium*, dass von einer Umwandlung der Spindeln oder Stäbe in Chlorophyllkörner gar nicht die Rede sein kann, da man diese Stäbe oder Spindeln, so lange der Autoplast selbst stabförmig ist, immer in dem letzteren nachweisen kann. In den gestreckten Autoplasten 3, Taf. XIII, Fig. 42 u. 43) halb eingeschlossen oder ihnen anliegend findet man krystallnadelähnliche Gebilde (Fig. 42a), welche allerdings häufig vom Trophoplasten verdeckt sind, jedoch sofort zum Vorschein kommen, wenn man Wasser auf die Autoplasten einwirken lässt (Fig. 42b, da dann der krystallnadelähnliche farblose Körper zuerst quillt und das Chlorophyllkorn auseinanderdrängt.

Als was soll man aber nun bei dieser Anschauung die farblosen Spindeln oder Stäbe betrachten, die an dem kleinen Trophoplasten wachsen?

Wir sahen, dass bei *Canna gigantea* innerhalb der Anaplasten unzweifelhafte Krystalloide entstehen, welche wir die Spindeln und Stäbe von *Phajus* und *Acanthephippium* ebenfalls unter gewissen Verhältnissen gelöst werden, überhaupt bezüglich ihres Vorkommens, Entstehens und Vergehens manche Analogie mit den Spindeln zeigen. Es liegt daher sehr nahe, anzunehmen, dass die Spindeln und Stäbe der beiden Orchideen ähnliche Gebilde, d. h. Krystalloide irgend einer unbekannten Substanz sind. Untersucht man die Spindeln und Stäbe darauf hin genauer, so findet man vieles, was diese Ansicht zu befestigen im Stande ist.

Zuerst spricht für dieselbe die Form der Gebilde. An grossen Exemplaren derselben bemerkt man häufig scharfe und gerade Kanten, welche der Längsaxe des Körpers parallel laufen, die sehr für die Krystalloidnatur sprechen; aber auch die Spindelform, wie sie Fig. 41 u. 39 zeigt, ist noch in Einklang mit der Ansicht, dass hier Krystalloide vorliegen, da wir ja auch mikroskopischen Krystallen mit gebogenen Flächen sehr häufig begegnen, welche in ihrem Aussehen ganz mit vielen Spindeln übereinstimmen. Z. B. sind ja wohl jedem die Harnsäurekrystalle in Erinnerung, die sehr gern in solchen wetzsteinförmigen Formen auftreten oder die Krystalle der Albietinsäure. Ich habe übrigens auch in den Secreten verschiedener *Rhus*-Arten (29) Krystalle ähnlicher Form nachgewiesen. Auch die Reactionen der Gebilde sprechen dafür, dass letztere Krystalloide und keine Trophoplasten sind.

Die vollkommen homogenen Spindeln von *Acanthephippium* verquellen in Wasser, zerfliessen dann zu einer stark lichtbrechenden Flüssigkeit, die eine Vacuole in dem Protoplasma erzeugt, (Fig. 44) und lösen sich dann völlig. Uebrigens verquellen diejenigen Gebilde, welche gerade Flächen und scharfe Kanten besitzen, häufig etwas schwieriger als solche mit sehr gerundeten Flächen. Chlorallösung löst die Gebilde leicht und vollständig.

Alkohol löst sie nicht und macht sie nicht vacuolig. Sie werden durch die Alkoholbehandlung gegen Wasser unempfindlich, doch werden sie dann von kalter, verdünnter Kalilauge noch leicht gelöst.

Durch Quecksilberchlorid enthaltenden Alkohol werden sie ebenfalls nicht in sichtbarer Weise verändert, lösen sich aber nach der Behandlung mit diesem Reagens nicht mehr in Wasser und, wenn die Einwirkung des Reagens einige Tage gewährt hat, nicht mehr in kalter Kalilauge. wohl aber in siedender.

Wir sind also wohl berechtigt, die Gebilde als Krystalloide zu bezeichnen. Vielleicht können wir annehmen, dass dieselben zu der Gruppe der Proteïnkrystalloide gehören, doch müsste diese Vermuthung erst durch eine genauere Untersuchung geprüft werden.

Wir wollen nun zum Schluss noch die Trophoplasten der Blüthentheile von *Phajus* und die Erscheinungen, die beim Absterben der Autoplasten der Laubblätter eintreten, kurz betrachten.

Die äusseren Corollenblätter der Blüthe von *Phajus grandifolius* enthalten kurz vor der

Anthese in der Epidermis der Oberseite grüne Trophoplasten ohne Krystalloide und Stärkekörner in der Epidermis der Unterseite krystalloidführende farblose Trophoplasten, in den Parenchymzellen grüne Trophoplasten ohne Krystalloide und mit Stärkeeinschlüssen. In den Carpellen finden sich grössere grüne Trophoplasten mit Krystalloiden und Stärkekörnern. Die Färbung der Corolle ist durch gefärbten Zellsaft bedingt.

Die Autoplasten der absterbenden Laubblätter von *Phajus* werden zu gelben Massen, welche glänzende Körner enthalten. Diese glänzenden Körner scheinen mit der wachsenden Destruction der Autoplasten an Zahl abzunehmen und an Grösse zuzunehmen, während die Masse des Autoplasten im Ganzen abnimmt. Es macht den Eindruck, als ob die Körner mehr und mehr mit einander verschmelzen. Zuletzt liegen an Stelle der Autoplasten nur noch einzelne stark lichtbrechende Kugeln. In einem früheren Zustande der Zerstörung, wie ihn die Fig. 13 darstellt, treten durch Chloral noch Tropfen aus, die sich aber in dieser Flüssigkeit nicht lösen. Auch die zuletzt übrig bleibenden Tropfen werden von Chloral nicht angegriffen.

Es wäre sehr interessant, die Veränderungen genauer mikrochemisch zu verfolgen, welche beim Absterben eines Autoplasten eintreten, und würde eine derartige Untersuchung sicher wichtige Aufschlüsse über den Chemismus des Chlorophyllkornes liefern.

Aus den in diesem Capitel bisher mitgetheilten Beobachtungen ersehen wir, dass die Veränderungen, welche mit den Autoplasten der verschiedenen Pflanzen bei ihrem Uebergang in Anaplasten vor sich gehen, in sehr verschiedener Weise auftreten können.

Die Autoplasten von *Yucca filamentosa* verlieren mit dem Chlorophyll ihre körnige Structur werden beim Uebergang in den Anaplastenzustand homogen und bleiben stets stärkefrei; ihr Volumen wird etwas kleiner, nicht so ihr grösster Umfang; fast die ganze Masse des Anaplasten scheint zurück zu bleiben, wenn man den letzteren mit Alkohol behandelt.

Den feinkörnigen stärkearmen Autoplasten der Blätter von *Iris germanica* stehen die grobkörnigen, gleich grossen Anaplasten des Rhizoms gegenüber, deren Gerüstesubstanzmenge geringer erscheint als die der Autoplasten, die aber dafür eine grosse Menge anderer, in chemischer Beziehung unbekannter Substanzen eingelagert enthält, unter denen keine durch Eisessig krystallisirbare Substanz vorkommt. Im Gegensatze zu den Autoplasten der Blätter führen die Anaplasten des Rhizoms grosse Stärkekörner.

Aehnlich gestaltet sich das Verhältniss zwischen den Autoplasten und Anaplasten von *Canna gigantea*, deren Anaplasten jedoch ausser den Stärkekörnern noch Krystalloide führen, welche in den Autoplasten der Pflanze nur selten vorzukommen scheinen.

Während die bisher besprochenen Anaplasten bezüglich ihrer Grösse nicht von den betreffenden Autoplasten abweichen, findet bei folgenden Anaplasten gegenüber den Autoplasten mit der Reduction des Volumens der Gerüstmasse zugleich eine Reduction des ganzen Volumens des Organes statt.

Schon bei *Acanthephippium silhetense* ist die Grösse des Anaplasten gegenüber den normalen in den Blättern vorkommenden Autoplasten eine geringe. Sowohl in den Autoplasten als in den Anaplasten finden sich übrigens hier Stärkekörner und Krystalloide.

Noch mehr tritt die Reduction des Volumen der Anaplasten bei *Adoxa moschatellina* hervor. Am meisten reducirt gegenüber den entsprechenden Autoplasten erscheinen die stärkefreien Anaplasten von *Dahlia variabilis, Beta vulgaris* und *Inula Helenium*.

Man kann also bei den Anaplasten gegenüber den Autoplasten stets eine Reduction des Volumen der Gerüstemasse constatiren ein völliges Verschwinden derselben, habe ich, wie ich ausdrücklich bemerken will, bei Anwendung von Alkohol als Lösungsmittel in keinem der hier besprochenen Fällen bemerkt). An Stelle des Chlorophylls betheiligen sich häufig andere, farblose Körper um Aufbau der Amyloplasten, die das Volumen derselben mehr oder weniger vermehren können[1]. Stärkekörner und Krystalloide wachsen auch an den Amyloplasten, oft in bevorzugter Weise.

Gehen wir nun, nachdem wir Amyloplasten und Autoplasten einer vergleichenden Betrachtung unterworfen haben, dazu über einige Chromoplasten in dieser Richtung näher ins Auge zu fassen.

Die Chromoplasten von Tropaeolum Lobbianum.

Die Autoplasten des Palisadengewebes der Laubblätter von *Tropaeolum* gehören zu denjenigen, welche durch die Einwirkung des Wassers sehr leicht vacuolig werden; Osmiumsäure kann man zum Härten derselben nicht anwenden, da dieselbe den Zellinhalt sofort intensiv schwarz färbt, und es gelingt aus diesen Gründen nicht, die Structur der intacten Autoplasten sicher zu erkennen. Dagegen eignen sich die Zellen der Chlorophyllparenchymschicht in der Rinde des Blattstieles sehr gut zur Beobachtung der Autoplasten, und hier zeigt es sich, dass diese häufig nur kleine Stärkekörner einschliessenden Trophoplasten eine deutlich körnige Structur besitzen (Fig. 45, b). In den Blüthenstielen, die im anatomischen Baue den Blattstielen gleichen, fand ich in manchen Fällen die stärkeführenden Trophoplasten der erwähnten Zellschicht orange gefärbt wie die der entwickelten Blüthenblätter.

Corolle und Kelch der Blüthe von *Tropaeolum* führen auf dem Höhepunkte ihrer Entwickelung beide einander ganz ähnliche orangefarbene Trophoplasten.

Die Kelchblätter, bei welchen man die Umwandlung der grünen Trophoplasten in orangefarbene leichter verfolgen kann, weil sie ihre Epidermiszelle nicht alle zu Trichomen verlängern, sind auf ihrer Oberseite glatt und dort fast immer bis kurz vor dem Aufblühen grün, auf der Unterseite, schon von sehr jungen Zuständen an, mehr oder weniger roth. Dieses Roth rührt von der Färbung des Zellsaftes der äussersten Parenchymlage her.

Die Corollenblätter erscheinen schon in den jüngsten Zuständen röthlich und verdanken diese Farbe hauptsächlich dem rothen Zellsafte der Epidermiszellen, welche letztere sämmtlich anfangs langsam, später, kurz vor der Anthese, sehr schnell zu kleinen Trichomen heranwachsen.

Die 1.5 mm grossen Corollenblätter 0.5 ctm langer Blüthenknospen enthalten in den äusserst kleinen, fast farblosen Trophoplasten ihrer Parenchymzellen schon sehr kleine Stärkekörnchen. In den Kelchblättern der Blüthenknospe sind die Trophoplasten, entsprechend der fortgeschrittenen Entwickelung der Zellen dieser Organe, schon grösser und enthalten in den Parenchymzellen schon ansehnliche Stärkekörner. Die deutlich hervortretenden zahlreichen, hellgrünen Trophoplasten der Epidermis liegen hauptsächlich an den auf der Fläche des Blattes senkrecht stehenden Wänden der Zellen.

In Blüthenknospen, welche 1 ctm Länge erreicht haben, enthält die Epidermis der Corollenblätter schon ziemlich ausgebildete grüne Trophoplasten mit kleinen Stärkeeinschlüssen, während sich im Parenchym der Corollenblätter relativ grosse Stärkekörner in den grünen Tropho-

---

1: Nach einer mündlichen Mittheilung des Herrn Professor ZACHARIAS ist in den Amyloplasten und Autoplasten ausser dem Plastin welches mit unserer Gerüsteubstanz gleichwerthig ist ein Körper enthalten, der in künstlichem Magensafte löslich, durch mittelst Essigsäure angesäuerter Blutlaugensalzlösung fällbar ist und deshalb wohl zu den Eiweisskörpern gerechnet werden darf. Die Verbindung dieses Eiweissstoffes mit Blutlaugensalz ist durch Eisenchlorid zersetzbar, und man kann ihn daher durch die Blaufärbung nachweisen, welche die mit Blutlaugensalz behandelten, dann gut mit Wasser gewaschenen Trophoplasten bei Einwirkung von Eisenchloridlösung zeigen. In den Amyloplasten schien das Eiweiss gegenüber dem Plastin in grösserer Quantität vorhanden zu sein als in den Chromoplasten. Diese Beobachtungen wurden hauptsächlich an *Orchis*-Arten und an *Sambucus* gemacht.

plasten gebildet haben (Fig. 46). In den Kelchblättern besitzen die Trophoplasten der Epidermis jetzt die Grösse und Färbung, welche in Fig. 47, *a* dargestellt ist; in der direct darunter liegenden meist stärkefreien Zellschicht sind die Autoplasten dagegen so gross wie Fig. 47, *b*, während die Chlorophyllkörner der inneren Zellschichten durch eingeschlossene Stärkekörner gedehnt sind und etwa wie Fig. 47, *c* aussehen.

Erst wenn die Blüthenknospe etwa 1,5 ctm Länge erreicht hat, ändern sich die Verhältnisse in bemerkenswerther Weise. Die Spitzen der Kelchblätter nehmen an einigen Stellen eine orangerothe Färbung an, die man deutlich auf ihrer Oberseite erkennt. Die Trophoplasten der Basis des Kelchblattes sind, ausgenommen, dass sie gelblichgrün geworden, und dass einige stärkefrei erscheinen, im alten Zustande; in der Mitte und der Spitze des Blattes haben sich aber die Trophoplasten der Epidermis mehr auf der Hinterwand der Zelle ausgebreitet, und die Stärke ist aus den Autoplasten des Parenchyms zum grossen Theile geschwunden.

Fig. 48, *a* stellt jetzt einige Trophoplasten der Epidermis, Fig. 48, *b* einige des Parenchyms der Blattbasis dar, während Fig. 48, *c* die Abbildung eines Trophoplasten aus dem Parenchym der Blattspitze gibt. Die Chlorophyllkörner zeigen ziemlich deutlich den normalen Bau der Autoplasten und werden durch Wasser leicht vacuolig.

Die orangerothen Flecke des Kelchblattes können schon in einigen Zellen spindelförmige Trophoplasten enthalten, meist sind letztere aber noch rund und haben nur ihre Farbe geändert.

Die Trichome der Corollenblätter sind schon deutlich zu sehen und enthalten kleine grüne Trophoplasten mit Stärkeeinschlüssen. Die grünen Trophoplasten des Parenchyms führen noch grosse Stärkekörner.

Auch in eben aufblühenden Knospen sind die Trophoplasten der Corollenblätter noch grünlich, während diejenigen der Kelchblätter unter theilweisem Verlust der Stärkekörner manche enthalten noch grosse Stärkekörner, obgleich sie lebhaft orangefarbig sind; gelbroth erscheinen. Am meisten haben sich die Trophoplasten der Epidermis der Kelchblätter verändert. sie sind unregelmässig eckig und unregelmässig vacuolig. nicht eigentlich spindelförmig (Fig. 49). Wasser wirkt auf diese eckigen Trophoplasten meist quellend ein, wobei Abrundung derselben erfolgt; Ein regelmässiges Vacuoligwerden tritt nicht mehr ein. Chloral wirkt ein wenig quellend. es treten aber keine Tropfen aus, und die Trophoplasten entfärben sich nur sehr langsam. Die Trophoplasten des Parenchyms sind in ihrer Form noch wenig verändert; ihre Structur scheint mit der, welche man an vacuolig werdenden Autoplasten im ersten Stadium der Wassereinwirkung beobachtet, übereinzustimmen Fig. 50. Längere Wasserwirkung macht die meisten noch regelmässig vacuolig. Bezüglich der Farbe verhalten sie sich ganz wie die Trophoplasten der Epidermis. Während des Aufblühens und nach demselben verändern auch die Chromoplasten des Parenchyms ihre Gestalt, werden zuerst mehr oder weniger eckig und strecken sich dann zur Spindelform (Fig. 51). Von einem Zerreissen der Trophoplasten durch Vacuolen im Sinne Krauss' (15) ist hier nichts zu sehen.

Zuletzt strecken sich auch in der Corolle, vorzüglich in der Epidermis, die Chromoplasten mehr und mehr. In den Parenchymzellen des Blattes sind sie gewöhnlich unregelmässig geformt, dagegen liegen sie an der Hinterwand der Epidermiszellen meist als schmale, ausgebildete Spindeln Fig. 52, *a*). Durch Wasser verquellen die Trophoplasten des Parenchyms und der Epidermis meist noch leicht zu ringförmigen Massen (Fig. 52, *c*).

Ehe wir versuchen nach den gegebenen Thatsachen eine kurze Entwickelungsgeschichte der Chromoplasten von *Tropaeolum Lobbianum* zu geben, wollen wir die Chromoplasten von *Tropaeolum minus*. welche sich bezüglich ihrer Ausbildung wesentlich denen der ersteren Pflanze gleich verhalten.

nochmals etwas genauer mit unseren Reagentien untersuchen. Wir wählen zu dem Zwecke die Chromoplasten von Blüthen, deren Antheren eben zu stäuben beginnen.

Kalter Eisessig wirkt auf die Chromoplasten (schon des stärkefreien Parenchyms der Corollenblätter) innerhalb 5 Minuten wenig ein, nach 15 Minuten tritt schwache Quellung ein, nachdem vorher die Vacuolen schärfer sichtbar geworden sind. Austreten von Tropfen finden nicht statt, ebensowenig Lösung des Farbstoffes; Krystalle entstehen nicht.

Wird ein Stückchen des Blüthenblattes mit Eisessig aufgekocht, so löst sich der Farbstoff theilweise, theilweise bildet er nach dem Kochen orangefarbige Tropfen. Nach dem Erkalten erscheinen in der Lösung des Farbstoffes schön orangefarbige Krystalle, welche denen der Chlorophyllankrystalle völlig bezüglich ihrer Form gleichen.

Da es nach diesen Versuchen scheint, als sei das Nichtentstehen der Krystalle bei Einwirkung des kalten Eisessigs auf die Zelle nur eine Folge der Schwerlöslichkeit des Farbstoffes in kaltem Eisessig, so wollen wir ein etwas besseres Lösungsmittel aufsuchen, welches mit Eisessig mischbar ist, um durch dessen Zusatz das Lösungsvermögen des Eisessigs für den Farbstoff zu erhöhen.

Behandelt man im Reagensglase Blüthenblätter von *Tropaeolum minus* mit verschiedenen kalten Lösungsmitteln in grossem Ueberschuss mehrere Tage lang, so findet man, dass sich der Farbstoff unter diesen Verhältnissen nur in einigen Flüssigkeiten schnell und reichlich löst.

Chloroform nimmt fast gar keinen Farbstoff auf;

Chloral löst den Farbstoff langsam und nicht reichlich;

Petroleumäther löst ihn sehr langsam und nicht reichlich;

Schwefelkohlenstoff färbt sich kaum;

Spiritus löst den Farbstoff kaum;

Eisessig und Aether zu gleichen Theilen gemischt lösen ihn sehr langsam;

Eisessig und Alkohol ebenso gemischt lösen ihn sehr langsam;

Eisessig und Chloroform ebenso gemischt lösen schon in 15 Minuten fast allen Farbstoff aus den Blüthenblättern.

Machen wir nun Anwendung von unserer neu gewonnenen Erfahrung, dass die Löslichkeit des Farbstoffes in Eisessig durch Chloroformzusatz sehr erhöht wird, und bringen wir die Blattstückchen auf dem Objectträger in ein Gemisch von 2 Vol. Eisessig und 1 Vol. Chloroform, so sehen wir, dass sich der Farbstoff sofort zu kleinen Tröpfchen formt, welche nach und nach zu grösseren Tropfen zusammenfliessen, die sich langsamer oder schneller, je nachdem sie dem Lösungsmittel weniger oder mehr zugänglich sind, zur gelben Flüssigkeit lösen. Unter ganz denselben Verhältnissen, wie die waren, welche wir bei der Ausbildung der Chlorophyllankrystalle angaben, schiessen nun aus dieser kalten Lösung kleinere oder grössere dunkelorangefarbige Krystalle innerhalb 10—15 Minuten an (Fig. 55, b). Diese Krystalle, welche wir Xanthophyllkrystalle[1] nennen wollen, lassen sich auch mit etwas hellerer Färbung darstellen, wenn man ein Gemisch von gleichen Volumen Chloroform und Eisessig anwendet, doch schiessen sie dann viel schwieriger und lange nicht so schön ausgebildet an (Fig. 55, a).

Ob der Eisessig wesentlich nur als Lösungsmittel auf den gelben Farbstoff wirkt, oder ob er auch Veränderungen an demselben hervorruft, die denen, welche wir bei dem Chlorophyll beobachteten, ähnlich sind, muss vorläufig dahin gestellt werden. Hoffentlich finde ich Gelegenheit eine chemische Untersuchung der Farbstoffkrystalle vorzunehmen oder vornehmen zu lassen.

---

1. Ich wende diesen Ausdruck in Analogie mit Chlorophyll an, da vielleicht auch hier der Farbstoff im engeren Sinne zu unterscheiden ist. Ich will auch alle hierher gehörigen orangefarbigen und gelben Farbstoffe Xanthophyll nennen, obgleich es sehr wahrscheinlich ist, dass sie nicht alle identisch sind.

6*

Spiritus löst, wie wir sahen, den orangefarbigen Farbstoff sehr schwierig und wenig. Lässt man ein Blüthenblatt 3 Tage in Spiritus oder Alkohol liegen, so findet man die Chromoplasten der stärkefreien Zellen nur contrahirt, nicht entfärbt, die der stärkehaltigen Zellen kaum contrahirt. Es ist selbstverständlich, dass man, um dasGerüste der Chromoplasten zur Anschauung zu bringen, bequem nur mit Chloroformeisessig (1 Vol. Eisessig und 1 Vol. Chloroform) extrahiren kann. Wir wissen übrigens, dass sowohl Eisessig als Chloroform das Gerüste der Autoplasten in einer Form und Beschaffenheit liefert, die nicht unterscheidbar von der ist, welche das bei Behandlung der Autoplasten mit Alkohol bleibende Gerüste besitzt. Bringen wir die vorher mit Alkohol gehärteten Chromoplasten unter dem Deckglase mit Chloroformeisessig zusammen, so sehen wir die contrahirten Chromoplasten der stärkefreien Zellen sich bis auf ein kleines Körnchen (Fig. 51, d_1) lösen, während die nicht contrahirten Chromoplasten und die stärkehaltigen meist eine Reihe von äusserst zarten Körnchen zurücklassen, welche durch ihre Lagerung die Form des Chromoplasten copiren. Fig. 51, a ist ein Chromoplast, Fig. 51, b der sichtbare Rest desselben nach der Behandlung mit Chloroformeisessig. Auf diesen Rest wirkt Kalilauge zerstörend, indem sie eine Bewegung der Körnchen veranlasst, ohne diese jedoch zu lösen. Auf den Zellkern, der als höchst transparenter 10—12 glänzende Körnchen einschliessender Körper bemerkbar ist, wirken die Lösungsmittel, so viel man sehen kann, nur etwas quellend.

Kalilauge dehnt die Chromoplasten sehr stark und verwandelt sie meist in Hohlkugeln, löst sie aber nicht.

Salzsäure contrahirt, ohne die Farbe der Chromoplasten zu zerstören.

Ueberosmiumsäure härtet die Chromoplasten, so dass sie gegen Wasser unempfindlich werden.

Versuchen wir nun, nachdem wir alle Thatsachen zusammengestellt haben, uns ein kurzes Bild von den Veränderungen zu machen, welche der Autoplast von *Tropaeolum* bei seinem Uebergange in den Chromoplastenzustand erleidet.

So lange die Zellen der Blüthenblätter wachsen, unterscheiden sich die Trophoplasten derselben nur durch ihre geringe Grösse und Masse von denen der Laubblätter. Wenn das Wachsthum der Zellen beinahe beendet, wird die Stärke, welche in den Trophoplasten wuchs, gelöst und es beginnt sich der Farbstoff der Trophoplasten zu verändern; zugleich wird die Structur derselben eine andere, indem sich ähnliche Vacuolen bilden, wie sie durch Wasserwirkung entstehen (Fig. 50). Hierauf scheint ein Herauslösen von Substanz aus den Trophoplasten stattzufinden, indem die Vacuolen unregelmässig werden, und zugleich beginnt eine Streckung der ganzen Organe. In diesem Zeitpunkte ist die Structur des Gerüstes der Trophoplasten zerstört und seine Masse sehr unbedeutend. Bei der Streckung verschwinden die Vacuolen zuletzt fast vollständig, es findet also ein Zusammenfliessen der gefärbten Substanz statt. Die vollständige Streckung der Trophoplasten zu Spindeln tritt erst kurz vor dem Absterben der Blüthenblätter ein. Berücksichtigt man die Krystallisationsfähigkeit des gelben Blüthenfarbstoffes, so kann man sich des Gedankens nicht erwehren, dass bei der Streckung das Krystallisationsbestreben des gelben Farbstoffes, der seinem ganzen Verhalten nach wahrscheinlich ein Derivat des Chlorophylls ist, und den wir, wie gesagt, überall Xanthophyll nennen wollen, eine grosse Rolle spielt.

Es scheint, als würde gleichzeitig mit der Umänderung des Chlorophylls in Xanthophyll ein Theil der Gerüstsubstanz gelöst, als flössen dann die durch die Vacuolen noch getrennten Xanthophyllmassen zusammen und zögen, indem sie ihre Moleküle zu einem Krystalle anordneten, die Reste des Gerüstes, sie in sich einschliessend, mit sich fort.

Da die Blüthenblätter oft sehr schnell absterben, können die Spindeln hier nicht immer völlig zur Entwickelung kommen, und es wird deshalb zweckmässig sein, wenn wir zur Prüfung unserer Theorie die Entstehung der Chromoplasten einer Frucht etwas näher verfolgen.

Die Chromoplasten der Frucht von Sorbus aucuparia.

Nur die äussersten Zellschichten des Fruchtfleisches von *Sorbus aucuparia* enthalten bei der Reife röthlichen Zellsaft, alle übrigen farblosen. In allen Zellen des Fruchtfleisches finden sich bei der völlig reifen Frucht orangefarbige Spindeln.

Untersucht man ausgewachsene Früchte, deren Fruchtfleisch noch rein grün ist, so findet man in der, von der Epidermis aus dritten oder vierten Zelle den letzteren sehr transparente, hellgrüne, feinkörnige Trophoplasten. Der Zellkern ist ebenfalls feinkörnig, scharf begrenzt und von normalem Aussehen. Die Trophoplasten sind meist rund, selten etwas gestreckt und häufig in Theilung begriffen.

Der Farbstoff dieser Trophoplasten scheint schon etwas in seinen Eigenschaften von denen des Chlorophylls abzuweichen, wie aus den folgenden Reactionen desselben hervorgeht.

Chloral schmilzt den Farbstoff zu Tropfen zusammen und löst ihn dann äusserst langsam.

Eisessig bewirkt ebenfalls das Austreten von Tropfen, die sich sehr langsam lösen. Spiritus wirkt in gleicher Weise.

Das nach Behandlung der noch grünen, runden Trophoplasten mit Eisessig oder Spiritus zurückbleibende Gerüste ist deutlich vacuolig, scharf umschrieben, aber sehr zart.

Stellt man sich nun aus Früchten verschiedener Reife nach der Farbe des Fruchtfleisches, welche sich mit zunehmender Reife der Frucht immer mehr durch Gelb dem Orange nähert, eine Reihe zusammen und untersucht dieselbe Zelllage des Fruchtfleisches, die wir bei der grünen Frucht beobachteten, bei allen diesen Früchten verschiedenen Alters, so findet man folgendes.

In Früchten mit grünlichgelbem Fruchtfleische zeigen die Trophoplasten zahlreiche kleine Vacuolen von der Grösse der durch Wasser in den Trophoplasten entstehenden, jedoch von unregelmässigerer Form und ohne die stark lichtbrechenden Ränder. Grössere Vacuolen sind kaum aufzufinden, jedenfalls keine solchen, welche die Trophoplasten sprengen. Es beginnen aber schon einzelne der grünlichen Trophoplasten spitze Fortsätze zu zeigen und sich etwas zu strecken.

In Früchten mit gelblichem Fruchtfleische sind die gelblichen, vacuoligen Trophoplasten meist eckig oder gestreckt, wobei die Vacuolen sich in der Richtung der Streckung verlängert haben. Eine scharfspitzige Spindelform haben jedoch die Trophoplasten noch nirgends angenommen. Lässt man auf solche Trophoplasten Eisessig einwirken, so fliesst der Farbstoff nicht mehr zu Tropfen zusammen, wohl aber contrahirt er sich zu kleinen Klümpchen. In einzelnen Fällen, vorzüglich am Rande des Präparates, kann man dann sehen, wie die Trophoplasten sich mehr und mehr zu einer gestreckten Masse umgestalten, die sich zuletzt in eine homogene Spindel verwandelt, welche denen der Fig. 53, b, völlig gleicht. Lässt man auf Trophoplasten, welche durch den Eisessig nicht zu weit verändert sind, Chloroform einwirken, so löst sich der Farbstoff sofort, während Alkohol denselben nicht aufnimmt. Das Gerüste, welches nach der Chloroformbehandlung bleibt, ist äusserst zart und unregelmässig, oft kaum noch deutlich nachweisbar.

In Früchten mit gelbem oder hell gelbrothem Fruchtfleische, dessen Zellen sich leicht von einander trennen, haben sich alle Trophoplasten in Spindeln verwandelt, die in manchen Zellen vollständig den Xanthophyllkrystallen gleichen, welche ich bei *Tropaeolum* beschrieben habe. In Früchten, deren Samen schon bräunliche Schalen bekommen, deren Fruchtfleisch weich ist, sind die Trophoplasten aller Zellen in solche orangefarbige nadelförmige Körper verwandelt, wie ich sie in Fig. 56 abgebildet habe. Die Zellkerne der Zellen, welche diese Nadeln enthalten, sind zerstört, theilweise ganz contrahirt und äusserst transparent, so dass man wohl berechtigt ist anzunehmen, dass sie nicht mehr functioniren.

Die krystallnadelförmigen Körper verhalten sich gegen Reagentien folgendermassen: Alkohol löst sie nicht; Eisessig verändert sie nicht; Chloroform löst die vorher mit Eisessig befeuchteten Körper. Es bleibt nur ein äusserst schwacher, homogener, farbloser Rest zurück. Chloral verändert die Körper kaum.

Wir haben also in dem beschriebenen Falle ein ganz analoges Verhalten wie bei den Chromoplasten von *Tropaeolum*. Auch bei der Frucht von *Sorbus aucuparia* schwindet das Gerüste allmählich bis zu einem gewissen Grade, während der Farbstoff erhalten bleibt und zuletzt, nachdem auch der Zellkern der Zelle zu Grunde gegangen ist, in deutlich nadelförmigen Krystallen anschiesst. Dass man die Spindeln wirklich als Krystalle des Xanthophylls ansehen darf, darüber kann bei der Form derselben kaum ein Zweifel herrschen, und es ist auch sehr leicht denkbar, dass der Farbstoff, welchen wir in Eisessig sofort sich zu Spindeln formen sahen, auch in dem sauren Zellsafte dem Bestreben folgt, seine Moleküle zu Krystallen zu ordnen.

Ich habe auch die Früchte von *Sorbus aria-aucuparia* untersucht und hier hauptsächlich den interessanten Unterschied gegen *Sorbus aucuparia* gefunden, dass nicht nur in Früchten mit grünem Fruchtfleische, sondern auch in solchen, deren Trophoplasten schon völlig gelb waren, alle Trophoplasten grosse Stärkekörner führten. Die Stärke verschwand erst bei völliger Reife der Frucht.

Noch deutlicher als bei *Sorbus aucuparia* sieht man die Krystallisation des Farbstoffes in den Beeren von **Lonicera Xylosteum** eintreten und zwar auch hier erst in den völlig reifen Beeren, deren Fruchtfleisch fast flüssig ist. Die grünen Beeren enthalten kleine grüne Trophoplasten, die sich unter den bei *Sorbus* beschriebenen Erscheinungen strecken, während sie ihre Farbe erst sehr spät in Roth ändern und ihre Streckung vollendet haben, wenn die Beere völlig roth und transparent geworden ist. Sobald aber die Beere überreif ist und zu trocknen beginnt, scheint der concentrirbare Zellsaft auf den Farbstoff energischer einzuwirken, und man sieht die vorher noch körnigen und unregelmässigen Spindeln in Krystalle mit scharfen und geraden Kanten übergehen, wie ich sie in Fig. 57 abgebildet habe.

Eine besondere Wichtigkeit für die Pflanze kann hier die Krystallisation des Farbstoffes wohl kaum haben, da die Farbe der Beeren durch den rothen Zellsaft erzeugt wird, und die Krystalle eben erst beim völligen Absterben des Fruchtfleisches entstehen.

Zuletzt wurde ich noch durch eine Arbeit von PAUL FRITSCH (Ueber körnige Stoffe des Zellinhaltes, Dissertation, Königsberg, Juni 1882, welche mir zu spät zu Gesicht kam, um in dieser Abhandlung überall berücksichtigt werden zu können, auf die Chromoplasten von *Daucus Carota* aufmerksam gemacht, über welche ich noch ein paar Worte einschalten will, da die auf diese Trophoplasten bezüglichen Beobachtungen für das Thema dieses Capitels von Interesse sind.

Zugleich seien mir einige Bemerkungen über FRITSCH's Untersuchungen im allgemeinen gestattet, welche letzteren später ausführlicher und mit Abbildungen in PRINGSHEIM's Jahrbüchern erscheinen sollen.

Die Beobachtungen des Verfassers setzen, wie er p. 5 sagt, in dem Moment ein, wo das Farbkorn sich schon vollständig zu einem solchen entwickelt hat, berücksichtigen also die Entwickelungsgeschichte nicht vollständig; der Verfasser adoptirt aber die Ansichten von KRAUS (p. 7) über die Entstehung der Farbstoffkörper, die ihm erst nach Beendigung seiner Untersuchungen zu Gesicht kamen, aber mit den von ihm an anderen Objecten gemachten Beobachtungen völlig übereinstimmten. Es scheint mir fast, als habe der Verfasser die KRAUS'sche Ansicht auch zum Theil deshalb adoptirt, weil sie die zuletzt ausgesprochene war. Man darf das ja fast direct aus den Worten des Verfassers schliessen: »Auch erscheinen mir seine (KRAUS) Erklärungen der irrthümlichen Ansichten anderer Forscher so zutreffend und einzig richtig, dass ich oft nicht Anstand genommen habe, seine Ansichten zu adoptiren, zumal seine Arbeit bis dahin die neueste war, die wir über dieses Thema besitzen.« So ist es mir wenigstens nur erklärlich, dass der Verfasser auch bei *Sorbus aucuparia* die Spindeln durch die Wirkung eines »Hohlraums« entstehen lässt, der das Korn auftreibt. Von Vacuolen, wie sie KRAUS (15) beschreibt, habe ich bei *Sorbus aucuparia* trotz meiner zahlreichen Beobachtungen an verschiedenen Früchten verschiedener Bäume nur äusserst selten ein Beispiel gesehen, ein sicheres Zeichen, dass in diesem Falle die Sache anders sein muss, als sie KRAUS für seinen Fall darstellt.

Ich will die Angaben FRITSCH's hier her setzen, welche als eine etwas weitläufige Beschreibung der bei der Krystallisation des Xanthophylls der Chromoplasten von *Sorbus aucuparia* entstehenden Bilder betrachtet werden darf, während die Verknüpfung dieser Bilder zu einer Entwickelungsreihe in vollkommen falscher Weise stattgefunden hat, und von einer Sprengung der Körner niemals etwas beobachtet werden kann. FRITSCH sagt (p. 22):

»In rundlichen, massiven Farbkörnern von verschiedener Grösse ('im Mittel zeigten die grösseren einen Durchmesser von 0,004 mm) entsteht ein Hohlraum, dieser wächst und treibt das Korn auf, bis er es an der dünnsten Stelle sprengt. Es entstehen so hufeisenförmige, halbmond- oder sichelförmige Gebilde, die zuweilen auch S- oder schleifenförmig geschwungen erscheinen. Nun strecken sich diese allmählich, und es entstehen so mehr oder weniger gekrümmte Spindeln, die im Mittel eine Länge von 0,013 mm und eine Breite von 0,0013 mm besitzen. So weit liessen sich diese Vorgänge auch schon bei eben reif gewordenen Früchten beobachten, die weiteren Differenzirungen aber nicht.

In den Spindeln nämlich bildet sich jetzt wieder ein Hohlraum, der, sich der Form derselben anpassend, eine längliche Gestalt zeigt. Dieser vergrössert sich nach dem einen Ende der Farbspindel zu, die endlich durch ihn zerspalten wird. Oft entstehen auch mehrere solcher Hohlräume in einer Spindel und zerspalten dieselbe in mehrfacher Weise, es entstehen so vielfach verästelte Gebilde, deren einzelne Spitzen auf diese Art wieder in mehrere Theile zerspalten werden. Ich beobachtete auf diese Art entstandene Farbkörner, die auf einer Seite mit nur einer Spitze, dem einen Ende der ursprünglichen Spindel, endend, auf der anderen in vierzehn Spitzen ausliefen, von denen wieder einige noch längliche Hohlräume erkennen liessen. Oft ist auch noch eine andere Art der Differenzirung zu beobachten. Bei denjenigen Farbstoffgebilden nämlich, die an einem Ende zerspalten, also dreistrahlig sind, divergiren die durch Theilung einer Spindelspitze entstandenen Aeste allmählich, wobei sich ihre Länge auf Kosten des dritten beständig vergrössert; es wird so das Farbkorn gewissermassen in zwei Theile zerrissen, die sich trennen und von gleicher Länge wie die Mutterspindeln sind.

Bei einer dritten Differenzirungsart endlich entsteht im Mittelpunkte eines dreispitzigen Farbkörperchens, von dem die drei Spitzen ausstrahlen, ein dreieckiger Hohlraum. Dieser vergrössert sich mehr und mehr, sprengt das Korn und wird so die Ursache einer Menge höchst bizarrer Formen.

Hervorzuheben ist noch, dass gar nicht selten die Farbspindeln dem Zellkern eingelagert sind, oder dass sie mit einem Ende an ihm hängen.«

Ausser *Sorbus aucuparia* hat FRITSCH von Angiospermen noch die reifen Früchte von *Rosa canina*, *Pirus Hostii*, *Bryonia dioica*, *Viburnum Tinus*, den Arillus von *Evonymus latifolius*, *Evonymus europaeus*, *Tarus baccata*, die Blüthenblätter von *Impatiens longicornu*, *Calendula officinalis*, *Viola tricolor*, *Rudbeckia laciniata*, *Digitalis ambigua*, *Salpiglossis variabilis*, *Thunbergia alata* und *Delphinium tricolor* untersucht.

Wie gesagt, kann ich auf diese in mancher Beziehung interessanten Beobachtungen, die jedoch keine Aenderung unserer Anschauungen fordern, dieselben sogar in vieler Beziehung stützen. hier nicht mehr näher eingehen und wende mich nun zur Besprechung der

Chromoplasten der Wurzel von Daucus Carota.

Die wild wachsende Carotte besitzt eine weisse, wenig fleischige Wurzel, die farblose, Stärke erzeugende Trophoplasten in ihren Parenchymzellen führt.

Die Wurzeln der Culturpflanze sind fleischig und meist gelb oder orangefarbig. Auch die Culturform der Carotte mit orangefarbiger Wurzel enthält in der letzteren im Herbste des ersten Lebensjahres sehr viel Stärke. Diese wächst in den Trophoplasten der Parenchymzellen meist in Form zusammengesetzter Körner. Verfolgt man die Entwickelung erwähnter Trophoplasten, welchen die Wurzelrinde ihre fast über den ganzen Querschnitt gleichmässige Orangefärbung verdankt, indem man vom Cambium aus (im August untersucht) nach der peripherischen Korkschiebt zu in einem Markstrahle vorschreitet, so erscheinen sie zuerst als sehr kleine, röthlich gefärbte Organe. welche Stärkekörnchen einschliessen und wachsen dann mit den Stärkekörnern heran, indem sie stets orangeroth gefärbt bleiben. Erst in den äussersten Rindenschichten verlieren die Trophoplasten ihre Stärkekörner. In den äussersten, fast ganz stärkefreien Zellen, deren Zellkern und Plasma sehr transparent geworden ist, findet man dann entweder kleine gelbrothe Körner, die man leicht als stärkefreie Trophoplasten erkennt, oder aus mehreren solchen Trophoplasten zusammengeballte Massen oder dünnwandige Blasen (Fig. 56. d), die man sich leicht durch das Herauslösen der grösseren Stärkekörner aus den sie umhüllenden Trophoplasten (Fig. 56. f) entstanden denken kann und ferner höchst charakteristische grosse Röhren (Fig. 55, 6, und lange Stäbe Fig. 55, k). In der Rinde recht kräftiger und alter Möhren vorzüglich findet man auch sehr zahlreiche, gut ausgebildete rechteckige oder rhombische Tafeln.

Sieht man zuerst bezüglich der erwähnten Röhren und Stäbe in Zellen nach, welche noch etwas reichlicher Stärke enthalten, also in solchen, welche etwas weiter nach dem Cambium zu liegen, so findet man hier und da längere Reihen von Stärkekörnern, die von einer Masse umhüllt sind, welche der der Trophoplasten völlig gleicht Fig. 55 h und l, dann findet man auch Röhren. in welchen nur noch einige, immer genau in die Röhre eingefügte, dieselbe aber nur an einem Ende ausfüllende Stärkekörner liegen Fig. 55 a und c) oder auch solche, welche nur noch ein Körnchen Stärke enthalten.

Ich kann mir die Entstehung der Röhre daher nicht anders denken, als dass nach der theilweisen Resorption der Trophoplasten-Gerüstenmasse ein Ansammeln des frei gewordenen Farbstoffes um bestimmte Stärkekörner stattfindet, dass sich der Farbstoff selbständig zu geraden Röhren, während er um die Stärkekörner liegt, streckt, und dass zugleich die Stärkekörner nach und nach, hauptsächlich an der Stelle, wo sie die Röhren berühren, gelöst werden. Erst wenn die Stärkekörner völlig gelöst sind, findet reichlichere Streckung der Röhre statt, welche dann zu Körpern werden, wie sie in Fig. 25, k dargestellt sind.

Ob diese Anschauung richtig ist, muss freilich sehr dahin gestellt bleiben, doch scheinen mir die Thatsachen wenigstens nicht gegen dieselbe zu sprechen.

Wo eine grosse Röhre in einer Zelle liegt, findet man gewöhnlich keine weiteren Trophoplastenreste in derselben, die sonst in keiner Zelle fehlen. Man findet auch eigenthümliche Spiralen, Fig. 55, i, in den Zellen, welche durch Aufreissen der Röhren entstehen, wie man sich leicht an Vorkommnissen überzeugen kann, bei denen nur das Ende einer Röhre durch einen spiraligen Riss in ein Schraubenband verwandelt wurde.

Ehe wir die rhombischen oder rechteckigen Tafeln näher betrachten. wollen wir vorher das mittheilen, was Frank über den in Rede stehenden Gegenstand schreibt.

Fritsch sagt (p. 39,: Hier (bei *Daucus Carota*) ist der Rindentheil zusammmengesetzt aus grossen einseitigen Zellen, die bei farblosem Safte nur wenige rothe Farbkörner enthalten, die eine so eigenthümliche scharfe Begrenzung zeigen und von so regelmässiger Gestalt sind, dass ich sie anfangs für Farbstoffkrystalle zu halten geneigt war, bis ihre Bandform an einigen Exemplaren, die in den Zellen, in welchen sie ihrer bedeutenden Länge wegen nicht Raum fanden, hobelspanartig aufgerollt waren, beobachtet werden konnte. Doch gehören solche Gebilde zu den Seltenheiten. Gewöhnlich liegen in einer Zelle ein, zwei, höchstens sechs solcher blassrother Farbkörper beisammen. Ihre Form ist, wie schon erwähnt, im ganzen eine bandförmige, doch ist ihre Grösse, ihre Länge und Breite sehr verschieden. Bald erscheinen sie als lange spitze Nadeln von oft bedeutender Länge (0,0726 mm und mehr), bald wie dünne scharfgekantete Stäbchen; dann wieder wie rhombische oder vielkantige Krystallblättchen; stets waren sie aber äusserst regelmässig umgrenzt. Ihre Grösse ist, wie schon erwähnt, sehr verschieden; so zeigte ein Farbkorn eine Länge von 0,0227 mm und eine Breite von 0,0081 mm, während ein sehr langes und sehr dünnes eine Länge von 0,073 mm und eine Breite von 0,0017 mm hatte. Die Grösse der gerollten Gebilde anzugeben war nicht möglich.

Neben diesen blassrothen, regelmässig begrenzten Gebilden kommen ab und zu auch noch sehr kleine ebenso oder etwas bräunlicher gefärbte Körnchen vor, die sich meistens zu grösseren Haufen zusammensetzten und wahrscheinlich Degradationsprodukte der ersteren sind. In dem innern gelbgefärbten Holztheil finden sich sehr wenige röthliche Farbkörperchen, daneben aber noch sehr kleine gelbgrüne Körnchen, die augenscheinlich die Gelbfärbung dieses Theiles bedingen, von deren genauerer Untersuchung aber ihrer Kleinheit wegen Abstand genommen werden musste.

Die Farbkörner des rothen Rindentheils sind in heissem Alkohol sehr leicht löslich, in kaltem weniger, denn in diesem verschwanden sie erst nach halbstündiger Einwirkung desselben, doch ohne einen Rückstand zu hinterlassen. Es sind solide Farbkörper, die keinen besonderen Farbstoffträger haben.

Conc. Schwefelsäure färbt die Farbkörper blau und löst sie auf. Kalilauge und Salpeter-Säure zerstören den Farbstoff, dagegen wirkt Salzsäure und Jod gar nicht auf ihn ein.

Da hier bei *Daucus Car.* zum erstenmal eigentliche Farbkörner, d. h. solche ohne Farbstoffträger aufs deutlichste beobachtet werden konnten, so wurde ein Versuch gemacht, den Farbstoff zu isoliren.

Es wurden zu diesem Zwecke zerriebene Mohrrüben, deren Holztheil sorgsam entfernt worden war, mit Alkohol so lange digerirt, bis der grösste Theil des Farbstoffes in Lösung gegangen war. Diese wurde mit Aether ausgeschüttelt, der nach seinem Verdunsten an den Wandungen des Gefässes gelbe Oeltröpfchen zurückliess, die bald zu kleinen nadelförmigen Krystallen erstarrten. Ihre Quantität war leider zu gering, um durch eine chemische Analyse Aufschluss über ihre elementare Zusammensetzung zu geben. Hierzu würden vielleicht 1—2 Scheffel Mohrrüben erforderlich sein, welche Menge mir nicht zur Verfügung stand.«

Schon Fritsch findet also, dass hier in den Nadeln und Stäben kein »Farbstoffträger« vorkommt. In der That haben wir es, wenigstens bezüglich der langen Stäbe, der rechteckigen und rhombischen Tafeln, welche sich vorzüglich in älteren Zellen finden, mit einem völlig vom Protoplasma losgelösten Stoffe, mit reinen Krystallen des gelbrothen Körpers zu thun, welcher die lebenden Trophoplasten färbt.

Dieser Körper ist schon 1832 von Wackenroder, 1849 von Zeise dargestellt und 1860 von Husemann (71 in »bis ³⁄₄ Linien grossen quadratischen Krystallen« erhalten worden. Man hat ihn mit dem Namen Carotin bezeichnet und seine Eigenschaften sind so weit untersucht, als es die 1,5 gr. Substanz gestatteten, welche August Husemann gewonnen hatte.

Die von Husemann angegebenen Eigenschaften des Carotins sind folgende:
Es bildet rothe würfelförmige Krystalle, die oft schönen Goldglanz zeigen:
Schmelzpunkt 167,5°; Formel: $C^{18}H^{24}O$;
leicht löslich in Benzol, Schwefelkohlenstoff, fetten und ätherischen Oelen zur dunkelgelbrothen Flüssigkeit;
schwer löslich in Weingeist und Aether (in stark ölhaltigem Alkohol und Aether fand ich es leichtlöslich);
Eisenchloridlösung färbt die Lösung des Körpers grünlich;
Alkalien verändern die Farbe der Lösung nicht, ebensowenig verdünnte Säuren:
Schwefelwasserstoff ist ohne Wirkung auf den Körper;
rauchende Salpetersäure löst den Körper mit gelbrother Farbe;
concentrirte Schwefelsäure löst das Carotin mit purpurblauer Farbe und ist dasselbe aus dieser Lösung durch Wasser wieder fällbar;
trockene schweflige Säure färbt das Carotin indigblau;
trockenes Chlorgas bleicht die Krystalle, indem ein Körper, $C^{18}H^{24}ClO$, entsteht, der in kochendem Alkohol leicht löslich ist.

Ich habe mir eine kleine Menge des Carotin in der Weise dargestellt, dass ich zerriebene und von dem Zellsafte durch Abpressen befreite Möhren zuerst mit heissem (50° C.) Alkohol extrahirte, dann den Rückstand mit kochendem Aether behandelte, welcher hauptsächlich Fett und Carotin löste. Die Aetherlösung wurde verdampft, der Rückstand mit Benzol aufgenommen und zur Krystallisation gestellt. Von dem Oel wurden die entstandenen Krystalle durch Pressen zwischen Filtrirpapier befreit (besser lässt sich das Oel durch Chloralhydratlösung entfernen) und umkrystallisirt.

Die so erhaltenen Krystalle gaben die von Husemann angegebenen Reactionen. Als nicht wenig charakteristisches Verhalten ist noch die Unlöslichkeit derselben in Eisessig und Chloralhydratlösung zu bezeichnen.

Schon aus Fritsch's Angaben über die rothen Gebilde der Möhrenzellen geht hervor, dass dieselben wahrscheinlich reines Carotin sind, da er dieselben in Alkohol schwer löslich fand, da sie mit Schwefelsäure sich blau färbten und durch Salpetersäure entfärbt wurden.

Ich habe die farbigen Körper der Möhrenzellen nochmals geprüft und fand, dass sowohl die langen Stäbe als die rechteckigen oder rhombischen Tafeln die von Fritsch angegebenen Reactionen gaben, dass die Form der Tafeln der Krystallform der reinen Krystalle des Carotin im wesentlichen glich, dass weder Chlorallösung noch Eisessig die in Rede stehenden Gebilde löste, und dass Chloroform eine sofortige Lösung der in Rede stehenden Gebilde bewirkte.

Es ist also hiernach wohl unzweifelhaft, dass, wie gesagt, die Stäbe und Tafeln Krystalle des Carotin sind.

Fassen wir also alles zusammen, was wir über die Chromoplasten von *Daucus Carota* gelernt haben, so finden wir in denselben ein Beispiel für diejenigen Trophoplasten, welche ohne vorheriges Auftreten von Chlorophyll und von ihren jüngsten Stadien an orangegelb gefärbt erscheinen, denen aber trotzdem die Fähigkeit des Ergrünens am Lichte nicht abgeht, wie man an dem oberen Theile der Wurzel häufig beobachten kann, wenn derselbe zufällig dem Lichte exponirt war. Der gelbrothe Farbstoff ist stickstofffrei und krystallisirbar. Ob er mit zu den Xanthophyllfarbstoffen zu rechnen ist, kann man vorläufig nicht sagen, weil es keine exacte Untersuchung über die Blüthenfarbstoffe bis heute gibt, jedenfalls hat er in mancher Beziehung Aehnlichkeit mit denselben und ist vielleicht auch ein Derivat des Chlorophylls. So lange die Trophoplasten in

---

1. Hydrocarotin wird auf diese Weise entfernt. Fritsch's Methode der Carotindarstellung ist unzweckmässig.

lebenskräftigen Zellen liegen und Stärke enthalten, ist das Carotin in dem Plasmagerüste eingeschlossen, gleichsam physikalisch gebunden, und erst in alternden Zellen, in welchen die Gerüstemasse der Trophoplasten mehr und mehr resorbirt wird, in welchen auch noch andere Bestandtheile des übrigen Plasma zu schwinden scheinen, wird das Carotin mehr und mehr frei und seine Moleküle folgen dem Bestreben, sich in gesetzmässiger Weise zu ordnen. So lange das Carotin noch mit anderen Substanzen gemengt ist, in noch nicht so völlig ausgesogenen Zellen des inneren Rindentheiles, gibt dieses Krystallisationsbestreben die Veranlassung zum Entstehen der merkwürdigen Röhren und Spiralen, später ordnen sich die Moleküle des allmählich von den durch die Zelle oder die Thätigkeit der Nachbarzellen lösbaren Substanzen befreiten Carotin zu gut ausgebildeten Krystallen.

Schliesslich will ich noch darauf hinweisen, dass die Chromoplasten der Wurzeln von *Daucus Carota* ein interessantes Beispiel für die Einwirkung der Züchtung auf die Färbung der Trophoplasten sind. Es ist bei der Möhre augenscheinlich durch die züchtende Auswahl in einem Organ eine Umwandlung der farblosen Trophoplasten in gefärbte vor sich gegangen, deren Färbung für den Haushalt der Pflanze wahrscheinlich in diesem Falle keine directe Bedeutung hat und im spontanen Zustande wohl niemals in dieser Ausbildung aufgetreten wäre.

Für die Blüthen ist die Einwirkung der gärtnerischen Auswahl und Cultur auf die Färbung und Ausbildung der Trophoplasten allerdings eine sehr bekannte Thatsache, da wir z. B. bei manchen Compositen weisse, gelbe und orange Blüthen mit kleinen, fast farblosen, mit kleinen gelben und grösseren orangefarbigen Trophoplasten bei ein und derselben Species züchten können, aber hier ist die Erscheinung aus nahe liegenden Gründen weniger auffallend.

Aus dem im Vorhergehenden über die Chromoplasten gesagten ersehen wir, dass die Chromoplasten wie die Anaplasten, ja in noch höherem Grade wie diese, ein wenig entwickeltes Gerüste besitzen, dass das letztere augenscheinlich ziemlich früh zerstört wird, während der Farbstoff, der reichlich in den Chromoplasten auftreten kann, bis zum Tode der Zelle erhalten bleibt.

Wenn die Resorption der Gerüstemasse, die mit einer augenscheinlichen Verminderung der Substanz des Protoplasma und des Zellkernes fast gleichzeitig und zwar am Ende der Lebensperiode der betreffenden Zellen erfolgt, sehr weit gegangen ist, so treten in den von uns im Vorhergehenden betrachteten Fällen Veränderungen an dem Farbstoffe ein, die in diesen Fällen als Krystallisationserscheinungen des Xanthophylls oder ähnlicher Körper zu betrachten sind und zur Entstehung besonders geformter, meist spindelförmiger Körper führt.

Es ist jedoch trotz der hier gemachten Erfahrungen fraglich, ob sich die Sache in allen Fällen ganz gleich wie hier verhält, wo wir Spindeln entstehen sehen. Es wäre z. B. leicht möglich, dass es sich bezüglich der spindelförmigen Chromoplasten von *Strelitzia Reginae*, die mit den Zellen heranzuwachsen scheinen, anders verhielte. Vielleicht bildet sich hier im Trophoplasten viel Xanthophyll, welches austritt und in Form eines Krystalloides wächst, wie die Spindeln von *Acanthophippium*, vielleicht wächst hier Gerüste und Farbstoff zugleich zur Spindel heran u. s. w. Bekanntlich werden auch nicht alle Trophoplasten bis zum Ende ihrer Existenz spindelförmig. So z. B. findet man den Farbstoff der Trophoplasten von *Gazania splendens* auch in absterbenden Zungenblüthen als runde Körper (Fig. 59) in der Epidermis liegen; das Gerüste derselben ist fast gänzlich verschwunden.

Bei verschiedenen Blüthen und Früchten treten kurz vor dem Tode noch andere Veränderungen mit den Chromoplasten ein, die vielleicht auch auf ähnlichen Verhältnissen, d. h. auf Resorption des Gerüstes der Trophoplasten, beruhen. Es zerfallen z. B. manche Trophoplasten zuletzt in kleine Körnchen, oder der Farbstoff bildet am Ende runde Scheiben mit erhabenem Rande etc. Diese in spätem Stadium, kurz vor dem Tode der Zellen, wo das Protoplasma nur noch als sehr

transparenter Schlauch, der Zellkern als substanzenarmes Gebilde vorhanden ist, eintretenden Form-
änderungen der Chromoplasten müssen wohl im allgemeinen ebenfalls von den Gestaltänderungen
unterschieden werden, welche die Trophoplasten in energisch vegetirenden Zellen erleiden. Sie sind
vielleicht als die letzten Entwickelungsstadien der Chromoplasten zu bezeichnen, besser aber wohl
ist dieses geformte Xanthophyll als das letzte Product der Thätigkeit des während seiner Arbeit
allmählich zu Grunde gehenden Trophoplasten zu betrachten.

Capitel IV.

Ueber die Veränderung der Gestalt und über die Lagerung und Bewegung der Trophoplasten.

Die Gestalt der einzelnen Trophoplasten ist keine unveränderliche; die Trophoplasten besitzen vielmehr, ähnlich wie der Protoplasmaschlauch der Zelle und wie der Zellkern, eine gewisse
Plasticität und eine charakteristische Reactionsfähigkeit gegen die auf sie einwirkenden Kräfte, die
sich unter anderem in der Formveränderung ausprägt, welche die lebenden Trophoplasten unter
dem Einflusse der verschiedensten Reagentien zeigen. Abgesehen von den Gestaltveränderungen,
welche während des Wachsthums oder der Theilung mancher Trophoplasten successive und in für
jeden Trophoplasten specifischer Art und Weise eintreten, und welche uns hier nicht weiter be-
schäftigen sollen, gibt es solche, welche mehr oder weniger oder auch ganz unabhängig von dem
Wachsthume der Trophoplasten vor sich gehen, und einmal durch gröbere oder leichter übersehbare
mechanische Eingriffe, das andere Mal durch feinere Reize hervorgerufen werden, auf welche die
Trophoplasten in charakteristischer Weise reagiren, oder auch einer Einwirkung des die Trophö-
plasten umgebenden Protoplasma ihre Entstehung zu verdanken scheinen. Leider ist die Beziehung
zwischen den Trophoplasten und dem übrigen Zellleibe noch keiner exacten Untersuchung unterworfen, und eine sichere Entscheidung darüber, ob eine Formveränderung, welche an einem Trophoplasten in Erscheinung tritt, in einem bestimmten Falle vom Trophoplasten allein ausgeht oder
vom umgebenden Protoplasma an dem sich passiv verhaltenden Trophoplasten hervorgerufen wird,
oder darüber, ob beide Factoren betheiligt sind, noch nicht zu treffen, so dass eine Einordnung der
bekannten Erscheinungen unter die oben angegebenen drei Kategorieen nicht mit Sicherheit auszu-
führen ist. Immerhin wird es wohl zweckmässig sein, die Thatsachen nach den gegebenen Ge-
sichtspunkten zu ordnen, gerade deshalb, weil dadurch die Frage nach der Ursache der an den
Trophoplasten vor sich gehenden Gestaltveränderungen in den Vordergrund gestellt wird, welche
für die Anschauungen über die Natur dieser Organe von grosser Bedeutung ist.

Zuerst mögen nun diejenigen Formveränderungen der Trophoplasten erwähnt sein, welche
durch innerhalb des Trophoplasten oder durch an dem Trophoplasten wachsende fremde Körper
bedingt sind. Es ist eine bekannte Erscheinung, dass Autoplasten durch einzelne in ihnen wachsende Stärkekörner zu grossen Hohlkörpern gedehnt werden können (Fig. 1, d, oder durch mehrere
mit zahlreichen Hohlräumen durchsetzt werden (Fig. 1, a). Dieselben Verhältnisse kommen auch

bei Anaplasten vor, oft in sehr ausgeprägter Weise. Auch durch innerhalb der Trophoplasten wachsende Krystalloide werden derartige Dehnungen der Organe veranlasst, wie wir bei *Acanthephippium* (Fig. 10 und 13) und *Canna* leicht beobachten können und zwar sowohl bei farblosen wie bei grünen Trophoplasten. An den Trophoplasten wachsende Stärkekörner und Krystalloide bewirken ebenfalls eine Veränderung der Gestalt der Trophoplasten. Hier werden sie durch die sich vergrössernden, ihnen mehr oder weniger stark adhärirenden Amylumkörner oder Krystalloide gegen das die Gebilde umgebende Protoplasma gepresst und langsam in ihrer Form verändert. Weitergehende Gestaltveränderungen werden allerdings in diesen Fällen meist nur dann an den Trophoplasten eintreten, wenn die Einwirkung des Amylumkornes auf den Trophoplasten successive während des Wachsthums des letzteren stattfindet. Als Resultate solcher Druckwirkungen der wachsenden Stärkekörner und Krystalloide auf die wachsenden Trophoplasten sind z. B. die p. 37 beschriebenen und in Fig. 55 abgebildeten Formen von *Canna* und der in Fig. 42, a dargestellten Autoplasten von *Phajus* anzusehen.

Hauptsächlich dem Drucke des umgebenden Plasma scheinen auch die gestreckten Trophoplasten ihre spindelförmige Gestalt zu verdanken, welche in Plasmabändern eingebettet liegen. Man kann dieses aus Fällen schliessen, in welchen man die innerhalb sich bewegender Protoplasmabänder liegenden gestreckten Trophoplasten bei ihrem Eintritt in das Wandprotoplasma sich wieder contrahiren sieht. Solche meist vereinzelt unter runden Formen auftretende spindelförmige Trophoplasten findet man also in Zellen, in denen das Plasma in Bändern vorkommt, daher hauptsächlich in Epidermiszellen und Trichomen und in den Zellen jugendlicher Gewebe. Die Trophoplasten dieser Zellen sind gewöhnlich schwach grün gefärbt oder farblos, und da in ausgebildeten Parenchymzellen selten Plasmafäden auftreten, so ist es erklärlich, dass spindelförmige Autoplasten sehr selten vorkommen. MIKOSCH (30, p. 21) beschreibt solche spindelförmige, fast ungefärbte Trophoplasten für die farblosen Partieen der Blätter von *Acena* und *Hordeum*. Man findet sie dort sehr häufig in den wenig entwickelten Zellen der farblosen Blattscheiden.

Auch unter den schwach gefärbten Trophoplasten von *Menyanthes trifoliata* sind spindelförmige Gestalten nicht selten. Es ist möglich, dass die kleinen stärkeführenden spindelförmigen Anaplasten, welche nach SCHIMPER (3, p. 559) im Endosperm von *Melandryum* vorkommen, ähnlichen Verhältnissen ihre Entstehung verdanken wie die oben erwähnten Formen. Auch die in Fig. 51 auf Taf. 13 derselben Arbeit dargestellten Trophoplasten aus der Rindenzelle von *Canna discolor* scheinen hierher zu gehören. Spindelförmige Autoplasten sind nirgend für *Angiospermen* beobachtet oder beschrieben worden; NÄGELI beschreibt übrigens gestreckte Autoplasten für *Confervа glomerata* und *Ceramium diaphanum* (31, p. 111).

Eine höchst interessante Gestaltveränderung erleiden, wie STAHL (30, p. 357, genauer beschrieben hat (die ersten Angaben stammen von MICHELI), die Autoplasten vieler Pflanzen unter dem Einflusse der Lichtstrahlen. Bei den Angiospermen lässt sich die fragliche Erscheinung leicht an den Autoplasten des Palisadengewebes der Laubblätter beobachten. Diese, deren Gestalt in beschatteten Blättern fast der Kugelform sich nähert, breiten sich bei Belenchtung derselben fast zu flachen Scheiben aus, erleiden also dadurch eine ähnliche Dehnung, wie sie Wasser an vielen Autoplasten hervorruft. Die Grösse und Form der Gestaltveränderung lässt sich aus den Figuren 60 a bis c (Copien nach STAHL's Zeichnungen (Fig. 7, a' und b' Fig. 8, a und b) leicht erkennen. Fig. 60. a stellt einen Querschnitt durch eine vom zerstreuten Tageslichte getroffene Palisadenzelle von *Potamogeton natans*, Fig. 76 eine solche nach erhaltener Insolation der Zelle vor. STAHL beschreibt das Aussehen, welches diese Körner unter den verschiedenen Beleuchtungsverhältnissen zeigen (8, p. 365), wie folgt: »Von der Fläche gesehen, sind im Schattenblatt die Körner rund und mit scharf umschriebenen Umrissen; die Profilansicht nähert sich mehr oder weniger einem Halbkreis; die Chlorophyllkörner sind nämlich halbkugelig und ragen ziemlich weit in das Zelllumen hervor. In Flächenansichten der aus besonnten Blättern präparirten Palissadenzellen fallen vor Allem die Undeutlichkeit der Chlorophyllkörner und ihre verschwommenen Umrisse auf; dieselben heben sich kaum noch durch ihre grössere Dichtigkeit von dem übrigen Protoplasma ab. Dies rührt, wie Profilansichten (Fig. 60, b) zeigen, von auffallenden Gestaltveränderungen her. Der grösste Durchmesser der von der Fläche gesehenen Körner beträgt oft das Doppelte desjenigen der beschatteten Chlorophyllkörner. Mit dieser Zunahme des einen Durchmessers ist eine Abnahme des anderen verbunden. Die Gestalt der Farbstoffträger ist nicht mehr eine Halbkugel, sondern Segmenten von Kugeln von weit grösserem Radius zu vergleichen. Auf optischen Längsschnitten sowohl wie auf Querschnitten durch die Palissadenzellen, ragen im besonnten Blatte die Chlorophyllkörner bei weitem nicht so stark ins Zelllumen hervor, als dies im Schatten der Fall ist.«

Ueber die Fig. 60, c und 60, d sagt STAHL folgendes:

»In Fig. 8, b ist ein Fragment der Flächenansicht einer Palissadenzelle aus dem Blatte des Tabaks abgebildet. Das Blatt war vor der Behandlung mit Alkohol mehrere Stunden intensivem Sonnenlichte ausgesetzt gewesen. Die Chlorophyllkörner von polygonalem Umrisse sind einander dicht genähert. Auf Profilansichten findet man die Körner der Zellwand eng angeschmiegt und nur wenig ins Zelllumen hineinragend. In beschatteten Blättern sind, von der Fläche betrachtet, die Chlorophyllkörner entweder rund oder doch in geringerem Maasse polygonal (Fig. 60, c), die Zwischenräume zwischen den einzelnen Individuen grösser. Auch ragen, wie bei *Potamogeton*, die Körner weiter ins Lumen der Zelle hinein.«

Ebenso wie die Gestalt der Trophoplasten keine unveränderliche ist, so ist auch die Lage derselben innerhalb der Cellulosewände, und in Bezug auf diese keine fixirte. Trophoplasten z. B., welche in einem Momente die Aussenwand einer Epidermiszelle einnehmen, können im nächsten nach den Seitenwänden derselben wandern. Dabei scheint eine wirkliche Aenderung der gegenseitigen Lage der Trophoplasten eintreten zu können; wie weit diese gehen kann, ist jedoch nicht untersucht. Auch darüber, ob die Trophoplasten sich auch im ruhenden Protoplasma fortbewegen können, oder ob sie stets durch dieses bewegt werden müssen, wenn eine Translocation derselben stattfinden soll, ob sie vielleicht im Protoplasma fixirt sind, ähnlich wie die Knoten in einem leicht beweglichen Netze, oder nur vom Protoplasma umflossen sind und in keiner festeren Verbindung mit demselben stehen, sind durchaus noch keine genügenden Untersuchungen angestellt. Eine Reihe von Beobachtungen scheint jedoch dafür zu sprechen, dass die Trophoplasten nur unter Mitwirkung des Protoplasma ihre Lage ändern können.

Die Beziehung der Lagerungsverhältnisse der Trophoplasten und der Bewegungen, welche dieselben ausführen, zur inneren Oekonomie der Zelle und die Einflüsse äusserer Reagentien auf Bewegung und Anordnung der Trophoplasten sind noch wenig studirt. Das Wichtigste, was wir darüber wissen, ist in STAHL's schon erwähnter interessanter Arbeit (30) zu finden, welche allerdings nur von den Autoplasten handelt und nur die Einwirkung des Lichtes auf die Lagerung der letzteren zum Gegenstande der Untersuchung macht.

Das Licht übt hiernach einen bedeutenden Einfluss auf die Lagerung und auf die Bewegung der Autoplasten, indem bei Einwirkung stärkerer Lichtintensitäten auf die Parenchymzellen der Laubblätter die Autoplasten derselben an die Zellwände wandern, an welchen sie eine solche Lage einnehmen können, dass ihre breiteste Fläche eine dem Lichtstrahlen parallele Richtung erhält, oder sich zu dichten Klumpen zusammenlagern; während sie, bei Einwirkung von Lichtstrahlen geringerer Intensität auf die Zellen, diejenigen Zellwände besetzen, an denen ihre Fläche möglichst rechtwinkelig zu der Richtung der auffallenden Lichtstrahlen zu stehen kommt.

Nach CARL DEINEKE (1, p. 9) soll auf die Lage der mit Stärkekörnern gefüllten grünen Trophoplasten der Stärkestrasse auch die Schwere einen ausgesprochenen Einfluss in der Weise üben, dass die Trophoplasten sich an der Unterseite der Zellen in einen Haufen ansammeln. Die von Stärke befreiten Organe sollen sich jedoch wieder auf alle Wände vertheilen.

In dem Parenchym der Blätter treten nach FRANK (61 durch alle Verhältnisse, welche die Lebensenergie herabsetzen, Lagenveränderungen der Autoplasten ein, welche schliesslich dazu führen, dass die letzteren hauptsächlich die Stellen der Zellwände besetzen, welche mit Nachbarzellwänden in Berührung sind.

Ueber die Lagerung der farblosen Trophoplasten liegen nur die Beobachtungen SCHIMPER's vor. SCHIMPER fand die noch stärkefreien farblosen Trophoplasten im Blattstiele von *Philodendron grandifolium* (3, p. 857) in den jüngsten Zellen, in welchen er sie beobachten konnte, um den Zellkern herumliegend, ebenso im Rhizome von *Amomum Curdamomum* (3, p. 857), bei *Beta trigyna* (3, p. 888); bei *Melandryum macrocarpum* (3, p. 889) fand er sie meist im wandständigen Protoplasma liegend.

Bei Untersuchungen über die Entstehung der Schichten in den Stärkekörnern habe ich in vielen Fällen beobachtet, dass die in den Parenchymzellen der Reservestoffbehälter angiospermer Pflanzen liegenden Anaplasten, welche gleichmässig im Protoplasma vertheilt liegen, so lange sie grössere Stärkekörner führen, nach der Lösung der letzteren sich grösstentheils um den Zellkern ansammeln. Ich habe dies schon früher für *Iris* (35, p. 861) angegeben, später noch bei zahlreichen anderen Gewächsen, z. B. bei *Adoxa moschatellina* und *Orchis fusca*, beobachtet. Da, wo Anaplasten niemals Stärke erzeugen, scheinen sich die meisten derselben über die Zellwände zu verbreiten und nur wenige um den Zellkern zu lagern. Hierher gehört übrigens auch die Beobachtung FRANK's, dass etiolirte Autoplasten (65 bei Beleuchtung der Zellen wie die grünen Lagerungsveränderungen zeigen.

Bezüglich der Ortsveränderung der grünen Trophoplasten bei deren Uebergang in Chromoplasten habe ich nur die eine Beobachtung bei *Tropaeolum Lobbianum* gemacht, welche ich schon p. 42 d. A. beschrieb.

Capitel V.

Ueber die Theilung der Trophoplasten.

NÄGELI hat zuerst im Jahre 1846 (29, p. 111) entdeckt, dass sich die Autoplasten durch Theilung vermehren können. Da das von NÄGELI Mitgetheilte die einzige unter allen Angaben, welche über diesen Gegenstand vorliegen, ist, welche einen exacten Beweis für die Vermehrung der Autoplasten durch Theilung gibt, will ich die ganze Stelle aus NÄGELI's Arbeit (31, p. 111) hier her setzen.

»Sie (die grünen Farbbläschen, unsere Autoplasten) entstehen ferner durch Theilung aus einem Mutterbläschen. Dasselbe streckt sich in die Länge, theilt sich durch eine Wand, und trennt sich in zwei neue Farbbläschen (Fig. 10, e). Ich habe die Theilung der grünen Farbbläschen bei Algen, z. B. bei *Bryopsis Balbisiana*, *Valonia ovalis*, im Farrenkeimblatt und bei *Nitella* gesehen.

Diese Theilung zeigt sich zuweilen so, dass man blos rings eine Einschnürung bemerkt, welche nach innen fortrückt und zuletzt das Chlorophyllbläschen in zwei theilt. In anderen Fällen erkennt man jedoch zuerst eine Scheidewand, und die scheinbare Einschnürung erweist sich einfach als das Auseinanderweichen der schon gebildeten Tochterbläschen. Dadurch überzeugt man sich leicht, dass im ersten Falle die Scheidewand wegen ihrer Zartheit oder wegen schiefer Lage übersehen wurde.

Man könnte nun zwar einwenden, jene Theilung sei blos scheinbar, und werde künstlich durch zwei dicht nebeneinander liegende Farbbläschen erzeugt. Und in der That werden solche Zustände künstlich erzeugt, wenn unter dem Mikroskop zwei Bläschen so dicht aneinander zu liegen kommen, dass sie durch gegenseitigen Druck abgeplattet werden. Es frägt sich demnach, ob mit jener scheinbaren Theilung die Chlorophyllbläschen in der Pflanzenzelle an Zahl zunehmen oder nicht. Nitella hat mir dafür einen Beweis geliefert.

Ich untersuchte am gleichen Individuum von Nitella syncarpa die Endzelle der Blätter in verschiedenen Altersstufen, nämlich 1) bei 0,050''', 2) bei 0,500''', 3) bei 1,5''' und 4) bei 6''' Länge. Der Durchmesser nahm von 0,030''' zu 0,050'''. 0,060''' und 0,090''' zu. Die Chlorophyllbläschen lagen an der Wandung in senkrechten Reihen. Alle zeigten ungefähr die gleiche Grösse und eine vollkommen regelmässige Gestalt, sowohl in den jüngeren als in den älteren Zellen. Einige schienen in Theilung begriffen. Es musste eine wirkliche Theilung und Fortpflanzung sein, wenn die Zahl der Chlorophyllbläschen von den jüngeren zu den älteren Zellen zunahm, denn von kleinen jungen Bläschen, welche frei und zwischen den übrigen Bläschen entstehen möchten, sah ich keine Spur, weder zwischen den Bläschen der gleichen Reihe, noch zwischen den Reihen selbst. Ich zählte nun die Reihen, und fand deren constant ca. 80, sowohl in den jüngern als in den ältern Zellen. Eine Vermehrung der Reihen hatte nicht statt; wirklich sah ich auch keine Chlorophyllbläschen, welche sich senkrecht in zwei nebeneinander liegende Bläschen theilten. Dagegen fand ich in der ersten und kürzesten der vier erwähnten Zellen 10 Bläschen in einer Reihe, in der zweiten Zelle 150, in der dritten 500, in der vierten und längsten Zelle 2000. Die Zahl der Chlorophyllbläschen hatte. während das Wachsthum der Zelle von einer Länge = 0,050''' bis zu einer Länge von 6''', in jeder Reihe von 40 bis zu 2000, in der ganzen Zelle von 3200 zu 160000 zugenommen. Während also die Zelle 75-mal länger wurde, mehrten sich die Chlorophyllbläschen um das 50-fache.

Das Nämliche fand ich in den Zellen des Stammes der gleichen Pflanze. Bei einer Länge von 1,3''' und einem Durchmesser von 0,14''' zählte ich etwa 160 Reihen, in jeder Reihe etwa 325 Bläschen, — bei einer Länge von 20''' und einem Durchmesser von 0,2''' zählte ich wieder etwa 160 Reihen, dagegen etwa 3500 Bläschen in jeder Reihe, — und endlich bei einer Zellenlänge von 30''' und einem Durchmesser von 0,24''' fand ich etwa 160 Reihen, und etwa 6700 Chlorophyllbläschen in jeder Reihe. Auch hier hatten die Bläschen in einer Zelle eine ziemlich gleiche Grösse und eine regelmässige Stellung. Einzelne zeigten Quertheilung; junge kleinere Bläschen zwischen den übrigen sah ich keine, so dass auch hier die Vermehrung bloss durch Theilung bewirkt werden konnte.

Später machten noch andere Forscher ähnliche Beobachtungen an kryptogamischen Gewächsen: so z. B. 1851 Hofmeister 33); 1852 Milde (35.; 1854 Wigand (36); 1862 Sachs (29. p. 135).

Für einige Angiospermen wies erst 1564 Sanio (34, p. 197) ein gleiches Verhalten der Chlorophyllkörner nach. Da auch Sanio's Angaben für uns in mehrfacher Beziehung Interesse haben, mögen sie hier ebenfalls wörtlich Platz finden. Sanio sagt (p. 195): »In ganz jungen Internodien von Peperomia blanda) zeigen Querschnitte, dass der mit einem oder zwei Kernkörperchen versehene centrale Zellkern von einer Protoplasmamasse an der Wand oder richtiger dem Primordialschlauche der Zelle befestigt ist. Die jungen, sehr kleinen Chlorophyllkörner sind entweder der Protoplasmamasse oder auch den Protoplasmafäden eingebettet. Die erste Entstehung dieser Körner habe ich mit den mir zugänglichen optischen Mitteln nicht genügend erforschen können; ist die Zelle vom Messer nicht geöffnet, so umgibt das Protoplasma als eine so dichte Masse den Zellkern, dass die in jenem auftretenden Veränderungen sich dem Auge entziehen; die Zustände geöffneter Zellen könnten dagegen als abnorme, durch das Wasser erzeugte gehalten werden und haben deshalb keine Schlusskraft. Beobachtet man die Entstehung der Chlorophyllkörner in den Protoplasmafäden, so erscheinen sie gleichsam durch eine Concentration oder Massenansammlung des Protoplasms an bestimmten Stellen entstanden. Anfänglich sind sie schwach begrenzt und sehr winzig; sie nehmen dann sehr allmählich schärfere Contouren an. Anfänglich sind sie blass und werden erst später allmählich grün. Geht man nun mit Querschnitten weiter abwärts, so findet man, dass die Chlorophyllkörner zwar noch um den Zellkern gelagert sind, dass aber ihre Protoplasmafäden fehlen. Der Zellkern ist nämlich wandständig geworden, und zwar fand ich ihn regelmässig an den horizontalen Wandungen der Zellen. Später noch verlassen die Chlorophyllkörner die Nähe des Zellkerns und finden sich überall wandständig im Primordialschlauche. Um die Zeit, wo der Zellkern wandständig wird, haben die Chlorophyllkörner überall, sowohl im Collenchym wie in dem Markgewebe dieselbe geringe Grösse; die Körner des Collenchyms vergrössern sich nicht weiter, während die übrigen eine bedeutende Grössenzunahme erleiden. Schon sehr früh, wenn nämlich der Zellkern wandständig wird, kann man eine lebhafte Vermehrung der Chlorophyllkörner durch Theilung in allen Zellen des vom Collenchym eingeschlossenen Gewebes bemerken. Man kann alle nur wünschenswerthen Zustände der Theilung beobachten. Manche Körner sind länglich, manche zeigen eine leichte Einschnürung, noch andere zeigen tiefere Einschnürungen, andere ferner sind schon getheilt, hängen aber noch mit einander zusammen, bei anderen endlich sind die einzelnen Theile schon auseinandergerückt, haben aber trotzdem noch ihre gegenseitige Lage, wie sie aus der Theilung hervorgegangen sind, beibehalten. Auch findet man Körner, die durch drei unter Winkeln von etwa 120° zusammenstossende Linien getheilt sind, ohne dass ich hier übrigens eine tetraëdrische Theilung annehme, da ich den vierten Theil niemals habe bemerken können. Dass die in Theilung begriffenen Körner wirklich Theilungszustände und nicht etwa permanente Formzustände sind, ergibt sich mit Evidenz daraus, dass bei vollendeter Ausbildung in den Zellen des Markes die Körner fast stets einzeln und rund sind, jene Theilungszustände, die man so zahlreich in den jugendlichen Markzellen findet, dagegen fehlen. Wären jene Theilungszustände permanente Formzustände, so müsste man sie auch bei völliger Ausbildung in derselben Häufigkeit antreffen, was nicht der Fall ist, da Zwillingskörner zu den Seltenheiten gehören — (p. 199). Die Theilung der Chlorophyllkörner erfolgt indess nicht, wie MILDE und WIGAND angenommen haben, durch Scheidewandbildung, sondern, wie beim Zellkern, durch Abschnürung, indem sich bei dem länglich gewordenen Korne eine Einschnürung bildet, die tiefer werdend, endlich das Korn in zwei Theile zerlegt — p. 199, weiter unten. So lange die Körnchen Stärke noch klein waren, dauerten hier die Theilungen der Chlorophyllkörner fort, indem sich in jeder Hälfte ein Körnchen bildete; sobald die einzelnen Stärkekörner dagegen das Chlorophyllkorn ausfüllen, erlöschen die Theilungen.«

Schon SAXEN sagt p. 197 in der Anmerkung, dass die Vermehrung der Chlorophyllkörner durch Theilung sehr verbreitet zu sein scheine, wo er diesen Vorgang auch noch für die Blätter von *Ficaria ranunculoides* angibt.

KNY hat 1872 (37) das Vorkommen dieser Art der Vermehrung der Chlorophyllkörner bei einer so grossen Anzahl von Angiospermen nachgewiesen, dass jetzt kein Zweifel darüber herrschen kann, dass sie eine sehr verbreitete Erscheinung ist.

Ich selbst habe überall da, wo Autoplasten enthaltende Zellen wuchsen, bei meinen Beobachtungen eine Vermehrung der Autoplasten durch Theilung wahrnehmen können. Allerdings ist die Häufigkeit dieses Vorganges und die Zeit, in welcher derselbe vorzüglich eintritt, je nach der Natur der Zelle sehr verschieden. Im Parenchym der Blätter ist die Vermehrung der Autoplasten durch Theilung meist sehr ausgiebig, in Epidermiszellen gewöhnlich weniger häufig, ebenso in Trichomen; in Markzellen ist sie meist schwächer als in dem hypodermen Chlorophyllparenchym der Stämme etc.

Ueber die Vermehrung der Anaplasten habe ich keine besonderen Untersuchungen angestellt. Es scheint übrigens, als vermehrten sich die farblosen Trophoplasten der Gewebe, welche keine Stärke erzeugen, wenig, da sie in den erwachsenen Zellen gewöhnlich in geringer Zahl vorhanden sind. Nur bei *Hartwegia comosa* habe ich einige hierher gehörige Beobachtungen gemacht, welche auf p. 59 beschrieben sind. Auch bei Stärkekörner erzeugenden Anaplasten habe ich mit Sicherheit Theilungsstudien nicht auffinden können, doch beobachtet man in jungen Zuständen der Zellen eine Zunahme der Zahl der Amplasten, so dass sich diese wohl in sehr jungen, stärkefreien Zuständen durch Theilung vermehren werden, in denen man den Vorgang der Theilung schwierig beobachten kann, weil die Organe noch zu klein sind.

Ueber die feineren Vorgänge und Erscheinungen bei der Theilung der Autoplasten liegen noch keine eingehenderen Untersuchungen vor.

NÄGELI meint, wie wir p. 55 d. A. sahen, dass zuerst eine Scheidewand entstehe und dass die Einschnürung erst durch das Auseinanderweichen schon gebildeter Autoplasten zu Stande küme. Ebenso sprechen WIGAND und MILDE von Scheidewandbildung, während SANIO, wie wir p. 57 sahen, den Theilungsvorgang als eine Einschnürung der Autoplasten bezeichnet.

Am eingehendsten hat MIKOSCH den Process der Autoplastentheilung für die Autoplasten der Luftwurzeln von *Hartwegia comosa* folgendermassen beschrieben (35, p. 2 . »Das unter der Eudodermis der Luftwurzel von *Hartwegia comosa* gelegene parenchymatische Gewebe enthält nur spärlich Chlorophyllkörner. Die

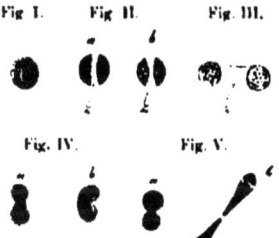

Fig I. Fig II. Fig. III.

Fig. IV. Fig. V.

Lage derselben in der Zelle ist keine constante, nur in schon älteren Zellen sind sämmtliche Chlorophyllkörner dem meist excentrisch gelegenen, durch seine Grösse ausgezeichneten Kerne dicht angelagert. Die Gestalt des Chlorophyllkornes ist in der Regel eine linsenförmige, in der Flächenansicht kreisförmig, im Profil biconvex. Die meisten Körner führen stark lichtbrechende, tropfenförmige Einschlüsse (in grosser Zahl in einem Korne), die bei längerer Einwirkung von Alkohol als. oder Aether einfach verschwinden, an ihrer Stelle eine einzigeVacuole zurücklassend. Da sich bei *Hartwegia* nirgends Stärke nachweisen liess, jene Tropfen aber in den Chlorophyllkörnern aller grünen Organe sich vorfinden, so glaube ich annehmen zu können, dass jene tropfenförmigen Einschlüsse (die, den Lösungsverhältnissen entsprechend, vielleicht irgend einem fettartigen Körper angehören), die sonst in Chlorophyllkörnern auftretenden Amylumkörner substituiren. Sobald das Chlorophyllkorn eine bestimmte Grösse 0,007 mm im Mittel erreicht hat, beginnt es sich zu theilen. Ich beobachtete hierbei folgenden Vorgang: das anfangs gleichmässig gefärbte Korn wird an zwei gegenüber liegenden Polen stärker tingirt als in der zwischen diesen beiden befindlichen Mittelzone, die bei Beginn des Theilungsprocesses schwach grün ist, später ganz farblos wird. Die Grenzen zwischen der gefärbten und farblosen Partie sind nicht streng ausgesprochen. An jenen grün gefärbten Stellen sammeln sich nun auch die im ursprünglichen Korn gleichmässig vertheilten Tröpfchen an (Fig. II a b). Nun wächst das ganze Korn in die Länge, an den Polen stärker als in der Mitte, so dass das nächste Stadium ein biscuitförmiges Gebilde liefert.

das an seinem breiten Ende grün tingirt, in der mittleren Partie aber farblos ist; bald treten auch die dem farblosen Theil zugekehrten Grenzlinien scharf hervor (Fig. III). Das intensivere Wachsthum an Polen bewirkt, dass die beiden Theilkörner dieselbe Gestalt, wie das sie erzeugende Mutterkorn erhalten. Behandelt man ein solches in den ersten Theilungsstadien begriffenes Chlorophyllkorn mit Jodlösung, so färbt sich die farblose Mittelpartie gelb; ferner entfärbt man ein solches Korn mit Weingeist, und lässt dann concentrirte Zuckerlösung und Schwefelsäure einwirken, so färbt sich das ganze Korn schön rosenroth, ein Beweis, dass die farblose Mittelzone eines in Theilung begriffenen Chlorophyllkornes substantiell nicht verschieden ist von der Grundlage des grünen Farbstoffes.

Die weiteren Stadien sind nur dadurch gekennzeichnet, dass die beiden polaren Partien weiter von einander rücken, die farblose Plasmazone immer schwächer wird, bis sie endlich ganz verschwindet, womit die Theilung beendet ist.

Die beiden durch diese Theilung entstandenen Chlorophyllkörner bleiben dann meist in einer constanten Entfernung neben einander liegen, bis sie durch irgend welche äussere Ursache ganz von einander getrennt werden. Nicht selten fand ich Zellen, in denen sämmtliche Chlorophyllkörner paarweise geordnet neben einander lagen, wie sie oben aus der Theilung hervorgegangen sind.

Ausser diesen Chlorophyllkörnern, welche sich durch den eben geschilderten Theilungsvorgang vermehren, finden sich noch andere, die durch ihre Grösse und ihre schwache Contourirung sich von ersteren unterscheiden. Auch diese theilen sich, jedoch nicht mit Zurückziehung ihres Chlorophylls an zwei Polen, sondern durch gewöhnliche Einschnürung, die entweder den ganzen Querschnitt entlang (Fig. IV, a) oder nur einseitig erfolgt (Fig. IV, b). Selbstverständlich geht dieser Theilung ein intensives Wachsthum des ganzen Kornes in einer auf der Theilungsebene senkrechten Richtung voraus. Mitunter geschieht es, dass die Einschnürung nur bis zu einem gewissen Punkte fortschreitet, dann stille steht, und in der Einschnürungszone eine die beiden Theilkörner verbindende Brücke übrig bleibt (Fig. V, a). Durch weiteres Längenwachsthum wird die Brücke im selben Sinne gedehnt und endlich hierdurch ihr Reissen bewirkt. Die Theilkörner besitzen dann eine birnförmige Gestalt (Fig. V, b). Auch in diesen letzten Fällen findet gleichzeitig mit dem Auftreten der Einschnürung die Ansammlung jener tropfenförmigen Einschlüsse an zwei gegenüberliegenden Punkten statt.

Wollte man die Theilungsvorgänge der Autoplasten genauer untersuchen, so würde diese Untersuchung wegen der geringen Zahl der mikrochemischen Reactionen ihrer Bestandtheile, die wir kennen, eine noch wenig fruchtbare sein. Ich habe deshalb nur eine Nachuntersuchung der Mixoscn'schen Beobachtungen vorgenommen, deren Resultate ich in dem Folgenden mittheile.

Die Zellen des Periblems der Luftwurzel von *Hartvegia comosa* enthalten kleine farblose Trophoplasten, welche nach und nach in den höher liegenden Zellen grösser werden, sich noch später grünlich färben (etwa 1 mm hinter dem Vegetationspunkte), weiter dann mit dem Ergrünen zugleich mehr und mehr körnig und zuletzt (etwa 3 cm über der Wurzelspitze) sehr grobkörnig erscheinen. Die Körner sind in keinem Falle Oel, wie Mixoscn annimmt. In alten Autoplasten der Wurzel scheinen Kügelchen zu liegen, um die sich das Chlorophyll mehr oder weniger angesammelt hat. Die jüngeren scheinen normale Grana zu enthalten.

Schon in den farblosen Zellen des Periblems kann man Theilungszustände der farblosen Trophoplasten beobachten, ebenso findet man in der äusseren Endodermis hie und da Theilungsstadien farbloser Trophoplasten.

Je grüner und körniger die Trophoplasten werden, um so deutlicher lässt sich das Auftreten der von Mixoscn beschriebenen farblosen Zone vor der Theilung beobachten. Dieselbe entsteht unabhängig von dem Vorgange der Einschnürung der Autoplasten, indem sich die grünen Körner mehr und mehr nach den Polen der sich mehr oder weniger streckenden Organe hinziehen. Erfolgt nur eine sehr geringe Streckung der Autoplasten vor dem Auftreten der Zone ungefärbter Substanz, so erhält man Bilder wie die Fig. II, *a* und *b* von Mikosch; tritt aber vor oder während der Ausbildung der farblosen Trennungsfläche zugleich eine Streckung des Autoplasten ein, so haben die beiden Theilproducte dann die Form halber Ellipsen, und geht zugleich eine Einschnürung in der Region der farblosen Trennungszone vor sich, so entstehen ähnliche Bilder wie Fig. IV, *a*, in denen man aber bei genauer Beobachtung ebenfalls sehr häufig eine mehr oder weniger breite, farblose Linie bemerkt, welche Mikosch übersehen hat. Die Streckung erfolgt allerdings am häufigsten bei schwächer gefärbten Trophoplasten, wie schon Mikosch angibt[1]).

Capitel VI.

Ueber das Vorkommen der Trophoplasten.

Während man jetzt das Vorkommen mindestens eines Zellkerns in jeder Zelle der Angiospermen als Regel betrachtet, schien es bis heute, als sei die Verbreitung der Trophoplasten in den Zellen der Angiospermen eine nur sehr bedingte. Es lässt sich aber zeigen, dass die Verbreitung der Trophoplasten in den Zellen der Angiospermen keine geringere ist als die der Zellkerne, wenn es auch wegen der leichteren Zerstörbarkeit der Trophoplasten und wegen der häufig sehr geringen Grösse dieser Organe viel schwieriger ist, sich überall von der Gegenwart derselben zu überzeugen, als bei den Zellkernen.

Um den Beweis leichter führen zu können, dass in der Regel jede lebende Zelle der Angiospermen Trophoplasten enthält, werden wir gut thun vorher zwei Fragen eingehender zu untersuchen. Die erste dieser Fragen ist die, ob überall da, wo Stärkekörner in einer Zelle der Angiospermen vorkommen, auch Trophoplasten vorhanden sind, an oder in welchen die Amylumkörner wachsen.

Ich habe die Frage allerdings nur an Parenchymzellen geprüft, glaube aber, dass kein Grund vorhanden ist anzunehmen, dass sich andere Zellformen verschieden verhalten. Bei den Zellen, welche Autoplasten enthalten, ist es sehr leicht, sich zu überzeugen, dass niemals ein Stärkekorn entfernt von einem Trophoplasten, frei im Plasma wächst, dagegen ist dieses bei der häufigen Kleinheit und leichten Zerstörbarkeit der Anaplasten nicht immer leicht, wenn man es mit farblosen Zellen zu thun hat.

Anfangs schien es mir sogar in manchen Fällen farbloser Zellen, als sei es unmöglich an den

---

[1]. Nachträglich finde ich noch ein Referat über Julius Schaarschmidt's Abhandlung «Ueber die Theilung des Chlorophylls» im Botanischen Centralblatt Cassel, 1880, 2. Sem. p. 457. So viel ich aus dem Referate ersehen kann, ist das Neue in der Arbeit theilweise entschieden falsch, anderes scheint mir wenigstens sehr fraglich. Die Fäden, welche die Hälften der sich theilenden Chlorophyllkörner verbinden sollen, habe ich nicht sehen können, und die Cilien, welche der Verfasser beschreibt, existiren in der That nicht. Die Originalarbeit kann ich leider nicht lesen, sie findet sich im Magyar Növénytani Lapok. IV. 1880. No. 39, p. 33—13.

Stärkekörnern derselben die Trophoplasten nachzuweisen; aber je länger ich mich mit der Frage beschäftigte, um so mehr schwanden die Fälle, in welchen ich die Trophoplasten für unauffindbar hielt, und schliesslich habe ich, wie schon CRÜGER 1854 (1', eingesehen, dass man die Anaplasten überall an den Amylumkörnern findet, wo man ernstlich danach sucht.

Die Methoden, welche ich zum Nachweis der Anaplasten in schwierigen Fällen anwandte, waren folgende.

1) Das Aushungern der Zellen. Die Pflanzen wurden in einen an Kohlensäure armen Raum eingeschlossen und von Zeit zu Zeit untersucht. Sobald die Stärke bis zu einem gewissen Grade gelöst ist, treten die Trophoplasten deutlich hervor und sammeln sich meist mehr und mehr um den Zellkern. Vielfach bieten auch die Pflanzen in bestimmten Gewebepartien, in welchen sie die Stärke in gewissen Lebensperioden lösen, die Möglichkeit des Nachweises der Trophoplasten direct.

2) Färbung der Anaplasten mit Ueberosmiumsäure. Ueberosmiumsäure färbt manche farblosen Trophoplasten intensiver als das Protoplasma und härtet sie, so dass man häufig direct die an den Stärkekörnern sitzenden Trophoplasten sichtbar machen kann.

3) Färbung durch Jodlösung. Jodlösung härtet und färbt in manchen Fällen die Anaplasten recht gut. Sie wurde schon von SCHIMPER angewandt.

4) Lösung der Stärke durch concentrirte Schwefelsäure. Diese Methode hat schon DENNECKE angewandt (4): sie liefert in manchen Fällen recht gute Resultate, da manche recht transparente Anaplasten durch Behandlung mit concentrirter Schwefelsäure scharf hervortreten.

Es wäre zwecklos alle meine Untersuchungen, die ich in dieser Richtung angestellt habe, mitzutheilen, und die in dem Folgenden gegebene Beschreibung eines schwierigeren Falles mag genügen, um die Art und Weise zu zeigen, in welcher ich vorging, um mich über die in Rede stehende Frage zu orientiren.

Symphytum officinale

besitzt ziemlich grosse Autoplasten in den Parenchymzellen der Laubblätter Fig. 61); in den gestreckten Zellen des Blattstieles sind die Autoplasten meist etwas kleiner. Stellt man einen mässig dünnen Schnitt aus der Mitte eines Blattstieles her, behandelt denselben dann mit concentrirter Schwefelsäure und wäscht hierauf mit Wasser wieder aus, so bleiben auch die farblosen Trophoplasten der mittleren Stengelpartie deutlich erkennbar zurück, werden also wie die Autoplasten wenig von der Säure angegriffen.

Im Herbste enthalten die unterirdischen Theile der Pflanze Stärkekörner. Der Stärkegehalt der Zellen ist ein sehr geringer. Die Amylumkörner sitzen vereinzelt an den Wänden der grossen Zellen der Wurzel und des unterirdischen Stammes. Ausser der Stärke ist ein Schleim in den Zellen enthalten, welcher sich durch Jod nicht bläut und an Spiritusmaterial als trüber Beleg des Protoplasmas erscheint, der bei Wasserzusatz quillt und dann die Zellen als durchsichtige Masse erfüllt. Dieser Schleim scheint der hauptsächlichste Reservestoff der Pflanze zu sein, da ich von Kohlenhydraten makrochemisch nur kleine Mengen eines inulinartigen Körpers und sehr wenig eines reducirenden Zuckers ausser den geringen Stärkemengen in den Wurzeln der Pflanze auffinden konnte. Die Stärke kommt in Form mittelgrosser Körner Fig. 62. a) vor, die meist einen Kern und keine deutlichen Schichten erkennen lassen. Gewöhnlich sind die Körner aus wenigen Theilkörnern, selten sind sie aus zahlreichen Theilkörnern zusammengesetzt, noch seltener kommen Einzelkörner vor.

Eine Umhüllung der Stärkekörner durch Anaplasten lässt sich ohne weiteres an den Stärkekörnern der Parenchymzellen nicht wahrnehmen, dieselben scheinen vielmehr direct im gewöhnlichen Plasma eingebettet zu sein. Nur in einer Region des Gewebes der Wurzel lassen sich die Anaplasten, in welchen die Stärkekörner wachsen, leicht erkennen. Um die Wurzel der Pflanze wird ein Metaderma (62, p.16) erzeugt und ehe die Metamorphose der äusseren Zelllage der Rinde eintritt, werden dort die Stärkekörner gelöst. Man findet deshalb in den äussersten Rindenzellen in Lösung begriffene Stärkekörner und beobachtet nun leicht, dass dieselben von grossen homogenen Trophoplasten umschlossen sind. Fig. 63 zeigt solche Anaplasten; *a* ist ein stärkefreier Anaplast. in *b—g* sieht man mehr oder weniger stark corrodirte Stärkekörner liegen. Diese Anaplasten verhalten sich gegen Schwefelsäure wie die farblosen Trophoplasten des Blattstieles. Behandelt man Schnitte der am besten mit Alkohol gehärteten Wurzel mit concentrirter Schwefelsäure, so lösen sich die Stärkekörner sofort, und die besprochenen Anaplasten bleiben als dickwandige Blasen zurück. Fig. 64, *a* stellt drei Anaplasten mit Stärkeeinschlüssen dar, Fig. 64, *b* die mit Schwefelsäure behandelten Organe nach Lösung der Stärkekörner. Wäscht man das Präparat gut mit Wasser und behandelt es dann mit Iodlösung, so färben sich die Anaplasten und der Protoplasmaschlauch gelb, die Wandungen der Zellen blau, und man sieht dann, dass die Anaplasten weit aus dem Wandplasma hervorragen. Wendet man dieselbe Reaction auf die übrigen Parenchymzellen der Wurzel an, deren Stärkekörner nicht von Anaplasten umhüllt zu sein scheinen, so erhält man nach dem Lösen der Stärke dieselben Bilder, nur sind die Hüllen etwas dünner. Fig. 62 *a* und *b* sind die Abbildungen zweier Stärkekörner und der nach der Lösung der Amylumkörner zurückbleibenden Anaplasten.

Ich habe, in ähnlicher Weise wie ich in dem eben beschriebenen Beispiele angegeben habe und unter Benutzung der aufgezählten Methoden die Stärkekörner in den Parenchymzellen von farblosen Stengeln, Blüthenblättern, Früchten, Samen, Schuppenblättern untersucht und bin, wie gesagt, überall zu dem Resultate gekommen, dass stets da wo Stärkekörner vorkommen auch Trophoplasten vorhanden sind, in oder an welchen die Stärkekörner wachsen.

Die zweite Vorfrage ist die, ob man berechtigt ist anzunehmen, dass überall da, wo man ein Ergrünen farbloser Pflanzentheile beobachtet, dieses durch das Ergrünen schon vorher in dem farblosen Pflanzentheile vorhandener farbloser Trophoplasten hervorgerufen wird.

Wo die farblosen Trophoplasten leicht wahrnehmbar sind, ist diese Frage stets leicht zu entscheiden. Man findet, wenn man von ergrünten Partien eines Pflanzentheiles nach dem farblosen Theile desselben mit der Untersuchung der Zellen successive vorschreitet, leicht alle Uebergänge zwischen Anaplasten und Autoplasten.

In anderen Fällen, wo das Ergrünen gewöhnlich farbloser Pflanzentheile eintritt, deren Zellen Stärkekörner führen, wird man durch die Stärkekörner von den Autoplasten zu den Anaplasten hingeleitet.

Nur in solchen Fällen, in welchen die farblosen Pflanzentheile sehr reducirte, sehr kleine und unregelmässig geformte Anaplasten führen, welche keine Stärkekörner in oder an sich tragen. ist die Frage schwer zu entscheiden.

Ich habe auch diese Frage an sehr zahlreichen Beispielen untersucht und in allen Fällen gefunden, dass das Ergrünen gewöhnlich farbloser Pflanzentheile stets auf die Umwandlung von schon in den farblosen Zellen vorhandenen Anaplasten in Autoplasten zurückzuführen ist.

Es mag auch hier ein Beispiel genügen, um zu zeigen, in welcher Weise ich in einem schwierigen Falle die Untersuchung ausgeführt habe.

Ich wähle dazu *Menyanthes trifoliata.*

Alle farblosen Theile der Pflanze mit Ausnahme der Wurzelspitze und der Gefässbündelscheide des Stammes und der Blattstiele fand ich sowohl im Winter als zur Blüthezeit der Pflanze frei von Stärke; ebenso konnte ich niemals Stärke im Parenchym der erwachsenen Blätter nachweisen [1].

Die jungen noch gelblichen Blätter enthielten dagegen reichlich Stärke; auch fand sich dieselbe merkwürdigerweise in Form kleiner Körnchen, wie man sie in den assimilirenden Autoplasten der Blätter anderer Pflanzen zu finden gewohnt ist, in den grünen Trophoplasten der ergrünten Stengel und Wurzeln im Frühjahre, so dass man geneigt sein kann anzunehmen, man habe in den Stärkeeinschlüssen dieser Trophoplasten Assimilationsproducte der betreffenden Zellen vor sich, welche dort liegen bleiben, weil der Weitertransport derselben dort nicht so leicht vor sich gehen kann als in den reichlich mit Ableitungsorganen versehenen Laubblättern.

Untersucht man stärkefreie, im Dunkeln erwachsene farblose Wurzeln der Pflanze, indem man Längsschnitte derselben in Wasser bringt, so bemerkt man bei sorgfältiger Untersuchung in den intacten Zellen ausser zahlreichen, kleinen, stark lichtbrechenden Kugeln im Protoplasma kleine, unregelmässig geformte, farblose oder äusserst schwach gelbliche, stärker als das Protoplasma das Licht brechende Massen Fig. 65, a. Dieselben sind hauptsächlich ihrer meist gestreckten Form wegen schwer zu sehen; sie lagern sich hie und da dichter um den Zellkern, finden sich aber auch im übrigen Protoplasma vertheilt. Beleuchtet man die Wurzel längere Zeit, so nehmen diese farblosen Massen, welche sich dadurch als Anaplasten zu erkennen geben, zuerst eine grünliche Farbe an und wachsen Fig. 65, b, behalten ihre unregelmässige Form noch bei und beginnen sich hier und da zu theilen. Bei noch längerer Beleuchtung runden sich die hellgrünen Trophoplasten ab, ergrünen stärker und theilen sich sehr lebhaft. Im Innern der Wurzel behalten sie dann Form und Grösse wie Fig. 66, a; in den hypodermalen Parenchymschichten werden sie dunkler grün und grösser 66, b; und erzeugen, wie gesagt, Stärkekörner.

Nachdem wir so erkannt haben, dass in der Regel da, wo Stärkekörner in einer Zelle vorkommen, auch Trophoplasten in der letzteren enthalten sind, und dass in allen Pflanzentheilen, welche zu ergrünen im Stande sind, ebenfalls Anaplasten die Ursache dieses Ergrünens sind, können wir von vorn herein mit grösster Wahrscheinlichkeit annehmen, dass in allen Parenchymzellen Trophoplasten vorkommen; denn es gibt nur wenige Parenchymzellen, welche in keinem Stadium ihrer Existenz Stärke führen und sehr viele, welche leicht am Lichte ergrünen.

Ich habe aber auch eine Reihe von Pflanzen, bei denen es mir an Gelegenheit fehlte Ergrünen der farblosen Theile zu beobachten und welche stärkefrei waren, auf das Vorhandensein von Trophoplasten untersucht, indem ich von solchen Partieen ausgehend, welche Autoplasten enthielten, successive nach den farblosen Theilen zu mit der Untersuchung der Zellen fortschritt. So gelang es mir, durch die Uebergangsstadien geleitet, in allen Fällen, welche ich untersuchte, in den Parenchymzellen Trophoplasten aufzufinden.

Es sei hier noch speciell erwähnt, dass auch in den farblosen Parenchymzellen der Schmarotzerpflanzen, wie *Lathraea Squamaria*, Trophoplasten leicht aufzufinden sind.

Auch in Epidermiszellen gelingt es in der Regel leicht die Trophoplasten aufzufinden, ebenso in den Spaltöffnungsschliesszellen. Nur in seltenen Fällen bedarf es einer sehr genauen Untersuchung, um die häufig farblosen und sehr reducirten Trophoplasten unter den oft reichlichen und verschiedenartigen Inhaltsbestandtheilen der Epidermiszellen zu erkennen.

Bezüglich der Parenchymzellen und Epidermiszellen haben wir also die Frage nach dem Vorkommen der Trophoplasten leicht beantworten können, und es bleibt uns nun noch die Untersuchung der sklerotischen Zellen und der Siebröhren übrig, da die Tracheen und Sklerenchym nicht zu den lebenden Zellen gerechnet werden dürfen.

1. Böhm [7], p. 496 fand Stärke in den erwachsenen Blättern

Unter sklerotischen Zellen verstehen wir mit DE BARY (63, p. 127) Elemente, deren Wandung verholzt, deren Protoplasma intact ist. Es ist in vielen Fällen schwierig zu entscheiden, ob eine Zellmembran noch lebendigen Inhalt besitzt, ob man sie zu DE BARY's sklerotischen Zellen oder zum Sklerenchym zu rechnen hat. In jedem Holzstamme z. B. sind sehr viele der centraler gelegenen verholzten Elemente todt, sogenanntes Sklerenchym, dem Cambium näher liegende dagegen enthalten noch lebendiges Protoplasma. Das Absterben der sklerotischen Zellen, die Umwandlung derselben in Sklerenchym, geht in den verschiedenen Fällen sehr verschieden schnell vor sich, kann innerhalb einer Vegetationsperiode erfolgen oder auch viele Jahre hindurch unterbleiben.

Da, wo man innerhalb einer verholzten Zellwand noch Protoplasma nachweisen kann, findet man nun auch Trophoplasten. Man könnte das Vorhandensein der Trophoplasten in den sklerotischen Zellen schon daraus folgern, dass sehr viele derselben periodisch Stärkekörner erzeugen und wieder lösen wie die sklerotischen Zellen der verschiedensten Hölzer. Zahlreiche Beispiele stärkeführender sklerotischer Elemente findet man bei SANIO (39) beschrieben.

Die directe Auffindung der Trophoplasten in den sklerotischen Zellen wird durch die meist starke Tüpfelung und die grosse Wandstärke der Elemente sehr erschwert, und es ist vorauszusehen, dass da, wo farblose Trophoplasten vorliegen, eine Erkennung derselben nur unter besonders günstigen Umständen möglich ist. Leichter gelingt der Nachweis grüner Trophoplasten in den in Frage stehenden Elementen.

Es mögen ein paar Beispiele genügen, um zu zeigen, dass die directe Untersuchung den Schluss, welchen man aus dem Stärkegehalte der sklerotischen Zellen bezüglich des Vorkommens der Trophoplasten ziehen kann, bestätigt.

Untersuchen wir zu dem Zwecke zuerst junge Triebe von *Clematis Viticella*.

Aeltere Internodien diesjähriger Triebe von *Clematis Viticella* besitzen folgenden Bau (im Mai beobachtet), den man am besten übersieht, wenn man in der Richtung der Mediane eines grösseren Gefässbündels mit der Beobachtung von aussen nach innen vorschreitet. So findet man unter der Epidermis zuerst einen Strang collenchymatischer Zellen, weiter einen solchen stark verdickter sklerotischer Faserzellen mit schräg gestellten spaltenförmigen Tüpfeln, ferner das Siebbündel, ein Bündel weitlumiger Tracheen, mit sehr stark gestrecktem Strangparenchym gemischt, schliesslich das Markgewebe mit seinen sehr lang gestreckten, im Querschnitte isodiametrischen, grob getüpfelten Elementen.

Behandelt man einen Schnitt des Zweiges mit einer Lösung von schwefelsaurem Anilin, so färbt sich das in der Rinde liegende Bündel sklerotischer Fasern intensiv gelb; die Tracheen und Holzzellen färben sich braungelb, ebenso die Markzellen und Markstrahlenzellen.

Obgleich die erwähnten Elemente alle verholzt sind, führen sie doch sämmtlich mehr oder weniger grüne Trophoplasten.

Die Trophoplasten der Markzellen und Markstrahlenelemente sind in Fig. 67, c dargestellt. Die stark verholzten Elemente, welche die Gefässe begleiten, besitzen etwas grössere grüne Trophoplasten als die Markstrahlenzellen, die grünen Trophoplasten der in der primären Rinde vorkommenden sklerotischen Fasern dagegen sind meist etwas kleiner (Fig. 67, b). Alle diese Trophoplasten sind von geringerer Grösse als die des Rindenparenchyms Fig. 67, a).

In Elementen, welche von weniger diaphanen Gewebepartieen umhüllt werden, welche selbst stark verholzt und sehr englumig sind, finden sich meist farblose Trophoplasten. Diese sind, wie gesagt, oft ziemlich schwierig nachzuweisen. In den Holzfasern junger Triebe von *Vitis vinifera*. z. B. habe ich (im Mai) die farblosen Trophoplasten erst nach vielen vergeblichen Versuchen nachweisen können, da das Protoplasma der Fasern auffallend leicht durch Wasser zerstörbar ist und die Trophoplasten klein sind und ebenfalls leicht zerfallen. In Fig. 68 habe ich Zellkern und Anaplasten abgebildet, wie sie durch die dicke Zellwand gesehen, erscheinen. Die den verholzten Markstrahlenzellen, deren Trophoplasten ich in Fig. 69 dargestellt habe, anliegenden Holzfasern besitzen übrigens häufig noch grünliche Trophoplasten.

Leicht erkennt man auch die grünen Trophoplasten der verholzten Faserzellen der Rinde Fig. 70. Man verfährt zu deren Aufsuchung am besten so, dass man die äussere Rindenschicht des Zweiges bis zu den Faserbündeln durch Abschälen entfernt, dann durch einen kurzen, flachen Tangentialschnitt die hervortretenden Bündel etwas loslöst und schliesslich mit der Pincette abreisst. An den Enden des losgelösten Stückes findet man dann leicht unverletzte Zellen, die zur Beobachtung tauglich sind.

Aehnliche Beobachtungen wie die hier mitgetheilten lassen sich an Zweigen folgender, schon von Sanio 39 p. 16 als chlorophyllhaltig bezeichneten Holzgewächse relativ bequem machen : *Corylus Arellana, Carpinus Betulus, Lonicera tatarica, Vaccinium uliginosum, Rhamnus Frangula, Ribes nigrum, Crataegus monogyna, Rubus Idaeus.*

Bezüglich der **Siebröhren** ist es eine bekannte Thatsache, dass die ausgebildeten Zellen derselben bei den Angiospermen Stärke führen können; Brioi fand ja bei der Untersuchung von 146 Pflanzen in den Siebröhren von 129 Stärke. Es lag daher von vorn herein die Annahme nahe, dass die Siebröhrenglieder Trophoplasten enthalten.

Es ist mir der Nachweis der Trophoplasten in den Siebröhren nun auch in allen den Fällen gelungen, welche nach meinen Erfahrungen die Auffindung so kleiner und leicht zerstörbarer Trophoplasten zulassen konnten. Der protoplasmatische Siebröhreninhalt ist durch Wasser äusserst leicht veränderlich, und es beginnt meist sofort eine lebhafte Bewegung desselben und daher auch der Stärkekörnchen, wenn man intacte Siebröhrenglieder enthaltende Schnitte in Wasser einträgt. Sobald diese Bewegung des Inhaltes eintritt, sind auch die farblosen Trophoplasten unter Quellung zerstört, und die vorher von ihnen umschlossenen Amylumkörnchen schwimmen im Zellsafte des Siebröhrengliedes.

Ich habe diesen Vorgang der Zerstörung der Trophoplasten bei den Siebröhren bald aufgefunden, da ich die Erscheinung schon aus den Erfahrungen kannte, die ich bei Untersuchung von Parenchymzellen gesammelt hatte, welche feinkörnige Stärke führende Anaplasten enthielten.

Man darf also nach dem Mitgetheilten nur solche Siebröhrenglieder zur Untersuchung auf Trophoplasten benutzen, deren Inhalt sich noch in völliger Ruhe befindet.

In solchen Zellen sieht man dann die Trophoplasten meist in geringer Anzahl über die Wand vertheilt, in grösserer Zahl an den Enden der Siebröhrenglieder auf der Wand angeordnet oder auch in je einem Haufen auf den Siebplatten angesammelt. Da wo die Trophoplasten in Haufen liegen, sind sie schwer zu erkennen, da sie dann von einer dicken Protoplasmaschicht umhüllt sind; wo sie dagegen auf den Wänden liegen, kann man sie sehr gut sehen.

Am besten und leichtesten überzeugt man sich von der Gegenwart der Trophoplasten ferner in solchen Fällen, in welchen sehr kleine und möglichst wenige Stärkekörnchen in den Trophoplasten liegen.

Gute Objecte zur Auffindung der Trophoplasten in den Siebröhren sind z. B. etiolirte Triebe von *Helianthus tuberosus.* Hier findet man die Trophoplasten hauptsächlich den Seitenwänden der Enden der Siebröhrenglieder aufliegend und auf den Platten angesammelt. Sie sind farblos und enthalten sehr kleine Stärkeeinschlüsse Fig. 71. Legt man Schnitte, welche Siebröhren enthalten, sofort in dünne Iodjodkaliumlösung, so färben sich die Trophoplasten braun, die Einschlüsse blau oder violett.

Auch in den Fällen, in welchen die Trophoplasten der Siebröhren grün gefärbt erscheinen, lassen sie sich leicht erkennen. Bei *Clematis Viticella* sind die Trophoplasten der Siebröhren hell-

66

grün, aber wegen der grossen Stärkeeinschlüsse schwer zu sehen; besser erkennt man die grünen Trophoplasten in den Siebröhren der Stengel von *Foeniculum officinale*.

Das Vorkommen der stärkeführenden Trophoplasten, welche wohl stets grösser sind als die Poren der Siebplatten, macht es wahrscheinlich, dass auch in den Siebröhren die Beförderung der Nährstoffe, mindestens der Kohlehydrate, durch Diffusion stattfindet und ist deshalb auch noch von weiterem Interesse. Ich habe übrigens bei meinen Beobachtungen über die Siebröhren gefunden, dass der Inhalt derselben durchaus nicht so sehr von dem der übrigen Zellen abweicht, als man nach den darüber vorliegenden Schilderungen glauben sollte, die oft von der Idee beeinflusst waren, dass sich der Inhalt der Siebröhren selbst in einer strömenden Bewegung befinde.

Ich glaube, dass wir nach diesen Untersuchungen berechtigt sind auszusprechen, dass in der Regel jede erwachsene, lebende Zelle der Angiospermen Trophoplasten enthält, und dass die Verbreitung dieser Organe in den Zellen der Angiospermen wohl keine geringere ist als die der Zellkerne.

Capitel VII.

Ueber die Entstehung und den Tod der Trophoplasten.

Die vielfach gemachte Beobachtung, dass sich um Stärkekörner, die in farblosem Plasma zu liegen schienen, nach und nach eine grün gefärbte Hülle ausbildete, hatte eine Frage oder vielmehr zwei nicht streng auseinander zu haltende Fragen entstehen lassen, welche noch bis in die neueste Zeit auftauchten und deren exacte Beantwortung vor Schimper's und Drexwickk's Arbeit kaum möglich war, die Fragen, ob Chlorophyllkörner durch nachträgliche Umlagerung von Stärke mit Chlorophyll entstehen können und ob die Chlorophyllkörner durch Umwandlung von Stärkekörnern entstehen können.

Wir müssen diese Fragen näher besprechen, da sie immer wieder aufgeworfen worden sind und nur durch eine gründlichere Beleuchtung ihre Ruhe finden können.

Versuchen wir also zuerst diese Fragen an der Hand der wichtigsten darüber vorliegenden Literatur zu klären.

Mohl schloss seine Arbeit über das Chlorophyll, welche er im December 1851 beendet hatte 19, p. 115, mit folgenden Worten:

»Fassen wir alle diese Punkte zusammen, das Vorkommen von Chlorophyll in Zellen, welche kein Amylum enthielten, das Vorkommen von hautförmigen Chlorophyllgebilden, denen keine entsprechende Amylumbildungen oder Anhäufungen von Amylumkörnern vorausgingen, das Wachsthum von Chlorophyllkörnern, nachdem die Amylumkörner aus denselben verschwunden sind, die bei anderen Pflanzen gleichzeitige Vergrösserung der Amylumkörner und Chlorophyllkörner, so müssen wir zu dem Schlusse gelangen, dass das Chlorophyll nicht aus der Umwandlung von Amylum hervorgeht, sondern dass beide Bildungen, wenn sie auch häufig miteinander verbunden sind, dennoch unabhängig von einander entstehen. Es kann, wie dieses in den inneren Amylumkörner enthaltenden Zellen bei einer dem Lichte ausgesetzten Kartoffel so deutlich zu sehen ist, und in ausserordentlich vielen Fällen in den in der Knospe befindlichen Blättern stattfindet, das Amylum früher vorhanden sein, und das Chlorophyll sich um die Amylumkörner, wie um einen Kern ansammeln, es kann aber auch umgekehrt das im Chlorophyll liegende Amylumkorn sich selbständig vergrössern, und wohl auch in Chlorophyll, welches ursprünglich gar kein Amylum enthielt, sich erst bilden.«

Mohl spricht also nur von einer Ansammlung des Chlorophylls um Amylumkörner: Böhm dagegen sagt (27. p. 492, Anm. 2: 1556 , dass man nach mehrmonatlicher Belichtung einer halb durchschnittenen Kartoffelknolle sämmtliche unter dem entstehenden Periderm liegende Amylumkörner in Chlorophyll umgewandelt findet.

Sachs sprach wie Mohl nur von einer Auflagerung von Chlorophyll auf die Stärkekörner 20. p. 132 ! 1562 ; er betrachtete 20, p. 131 ; 1562), von der Idee durchdrungen, dass die Stärke als Product der assimilirenden Thätigkeit des Chlorophyllkorns anzusehen sei, die Bildung eines secundären Ueberzuges von grünem Plasma über Stärkekörner als etwas mehr zufälliges und physiologisch Unbedeutendes 20, p. 168), wendet dieser Entstehungsweise des Chlorophylls ferner keine weitere Aufmerksamkeit zu und drückt sich über die in Rede stehende Thatsache auch in späteren Werken in ähnlicher Weise aus. So z. B. in seiner Experimentalphysiologie 1565, p. 315 : »Ausnahmsweise und in Organen, die ursprünglich zur Chlorophyllbildung nicht bestimmt sind, wie bei den am Lichte liegenden Kartoffelknollen, kann es vorkommen, dass sich früher farbloses Protoplasma um Stärkekörner herumlagert, sie einhüllt und dabei selbst ergrünt.« Auch Haynkistrau '16, p. 373; 1567 spricht von einem Ballen der Substanz der Chlorophyllkörner um Amylumkerne

Mehr an Böhm's Auffassung schliesst sich G. Haberlandt an '64); er geht ebenfalls von dem Gedanken aus, es gäbe Chlorophyllkörner, bei denen die Stärkeeinschlüsse das Primäre seien und meint auch, dass aus dem verbrauchten Kohlehydrate die Chlorophyllsubstanz entstehe (61, p. 361), allerdings in einem Sinne, dass gegen diese letztere Ansicht kein wesentlicher Einwand zu erheben ist. Auch Mikoscu gehört zu denen, welche geneigt sind, einen innigeren Zusammenhang zwischen dem durch Umhüllung des Stärkekornes entstehenden Chlorophyllkorne und dem Verbrauche der Stärke anzunehmen (32, p. 1), und welche meinen, die Stärke könne in manchen Fällen das Primäre sein. Gehen wir nun dazu über, die Thatsachen genauer anzusehen, welche die eben besprochenen Anschauungen hervorgerufen haben, so finden wir von Mohl hauptsächlich das Beispiel von der ergrünenden Kartoffel und das der Entstehung der Chlorophyllkörner um Stärkekörner in jungen Blättern angeführt. Haberlandt und Mikoscu erst machen auf gleiche Vorgänge in ergrünenden stärkeführenden Cotyledonen aufmerksam.

Ueber das Ergrünen der Kartoffel haben von den erwähnten Forschern nur Böhm und Wiesner Mittheilung gemacht. Böhm's kurze Notiz enthält keine genauere Beobachtung, und Wiesner sagt über die Chlorophyllkörner der Kartoffel nur folgendes (65, p. 10), »Ich finde, dass das Chlorophyll in folgenden drei Formen im Parenchym der Kartoffel auftritt:

1. als sog. ungeformtes Chlorophyll, das Protoplasma der Zellen tingirend ;

2. als Ueberzug von Stärkekörnchen (sog. falsche Chlorophyllkörner bildend ; endlich

3. in Form echter Chlorophyllkörner.

In Betreff der ersten Form habe ich nichts Besonderes anzumerken. In den äussersten Parenchymzellen ist bei stark ergrünten Kartoffeln häufig das ganze Protoplasma ergrünt, während in den inneren nur einzelne Partieen grün gefärbt erscheinen.

Was die zweite Form anbelangt, so finde ich, dass die Stärkekörnchen an sich ungefärbt sind, und die grüne Farbe von einer hyalinen oder häufiger körnigen Schicht von Protoplasma herrührt, die durch das grüne Pigment gefärbt ist. Ich finde es bemerkenswerth, dass an vielen Stärkekörnern schwach lichtbrechende Protoplasmazonen erkennbar werden, an denen sich keine Spur von Grünfärbung nachweisen lässt.

In Bezug auf die zuletzt genannte Form des Vorkommens des Chlorophylls in der Kartoffel erwähne ich, dass dieselbe bis jetzt, so viel mir bekannt, in den Geweben dieser Knollen noch nicht beobachtet wurde. Die echten Chlorophyllkörner fand ich in allen von mir untersuchten am Lichte ergrünten Kartoffeln auf, am schönsten und reichlichsten an Knollen, welche ich im feuchten Raume unter einer Glasglocke im hellen Tageslichte zog. Sie treten nur in den protoplasmareichen Zellen des unmittelbar an das Phellogen anstossenden Parenchyms auf und unterscheiden sich schon auf den ersten Blick von den unechten durch ihr geringes Lichtbrechungsvermögen. Sie finden sich selten einzeln, meist in Gruppen, oft den Zellkern umgebend, in den Zellen vor. Ihre Form ist rundlich oder elliptisch, viele enthalten eine kleine Vacuole. Der Durchmesser, beziehungsweise längste Durchmesser dieser Chlorophyllkörner misst 0,0028 bis 0,0055 mm. Mit Weingeist behandelt entfärben sie sich; der rückständige Träger des Chlorophyllfarbstoffes wird durch Iodlösung gelb und nicht blau gefärbt; er zeigt ferner die Raspail'sche Eiweissreaction.

Als ich nach Auffindung der echten Chlorophyllkörner in der Kartoffel dieselben meinem Assistenten, Herrn Karl Mikosch, demonstrirte, machte er mich darauf aufmerksam, dass er einige Tage früher in Kartoffeln, gelegentlich der Aufsuchung von Krystalloiden neben diesen in vielen Zellen schwach lichtbrechende, rundliche durch Iod sich nicht bläuende Körner gesehen habe. Diese Auffindung hat sich bestätigt, und es stellte sich heraus, dass diese Körnchen nichts anderes als Etiolinkörner sind, welche gleich den analogen Gebilden in etiolirten Keimlingen, am Lichte zu ergrünen befähigt sind.«

Als Beispiel der angenommenen Entstehung der Chlorophyllkörner aus Stärkekörnern in Cotyledonen wollen wir den Vorgang bei *Phaseolus multiflorus* betrachten. Mikosch beschreibt denselben (32, p. 7; 1878) folgendermassen:

»Verlauf der Chlorophyllkornbildung in den Kotylen von *Phaseolus multiflorus*. In der unterhalb der Epidermis liegenden Zellenlage entstehen ganz kleine, zusammengesetzte Stärkekörner; die Anzahl der Theilkörner beträgt 8—15. Nach einiger Zeit erscheinen diese Stärkekörnchen mit einem schwachen Stich ins Gelbliche, der, wenn die Kotylen dem Lichte ausgesetzt sind, bald grün wird. Das Stärkekorn hat sich mit gefärbtem Plasma umgeben, es ist ein falsches Chlorophyllkorn geworden. Hierauf treten die einzelnen Theilkörner innerhalb der Plasmahülle auseinander, es schiebt sich grünes Plasma zwischen sie; der Stärkeeinschluss beginnt nun zu schwinden und verliert sich endlich gänzlich, so dass man dann ein echtes Chlorophyllkorn an Stelle des früheren Stärkekorns vor sich hat. Ersteres geht Theilungen ein und vermag auch zu assimiliren. Lässt man Kotylen im Dunkeln sich entwickeln, so tritt derselbe Gestaltungsprocess ein, natürlich bleibt das Plasma gelb gefärbt; man hat Etiolinkörner mit Stärkeeinschlüssen.«

Diese Mittheilung Mikosch's schliesst sich an Haberlandt's Darstellung (61; 1877) an, welche im wesentlichen mit der Mikosch's übereinstimmt.

Die Beschreibung, welche Mikosch gleich nach dem Mitgetheilten von der Entstehung der Chlorophyllkörner in den Kotylen der Erbse gibt, ist noch geeigneter der später von mir vorzutragenden Ansicht über die Erscheinung bei *Phaseolus* als Stütze zu dienen, und ich will auch diese deshalb hier noch folgen lassen.

Mikosch sagt: »Auf dieselbe Weise wie bei *Phaseolus* entstehen auch in den Kotylen der Erbse die Chlorophyllkörner, hier ist es aber ein einfaches Stärkekorn, das sich mit einer grünen Plasmahülle umgibt. Ebenda machte ich folgende interessante Beobachtung. Ich liess Erbsenkeimlinge im Gaslicht sich entwickeln. Primordialblätter und Kotylen ergrünten in kurzer Zeit lebhaft. Nach 16 Tagen untersuchte ich einen Kotyledon und fand die unmittelbar unter der Epidermis gelegenen Parenchymzellen reichlich mit Chlorophyllkörnern gefüllt, die auf die früher angegebene Weise entstanden waren. Von den linsenförmigen Stärkekörnern, welche die Zellen des ruhenden Kotyledons grösstentheils erfüllen, findet man in dem bezeichneten Stadium nur mehr wenige in ursprünglicher Grösse vor. höchstens drei in einer Zelle, und erst jetzt fand ich diese mit einer ganz zarten grünen Plasmahülle umgeben. Einige Tage später ist letztere bedeutend stärker entwickelt, das Stärkekorn aber kleiner geworden. Der Umfang dieses grünen Plasmagebildes stimmt ziemlich mit dem des ursprünglichen Stärkekornes, aus dem ersteres hervorgegangen überein. In 30 Tagen endlich ist die Stärke ganz verschwunden und ein grosses Chlorophyllkorn, dessen Durchmesser 7 mal grösser als der eines kleinen Chlorophyllkorns hervorgegangen aus einem kleinen Stärkekorn ist, nimmt nun die Stelle des früheren Stärkekorns ein.«

Als Beispiel der scheinbaren Umbildung der Stärkekörner, welche in jungen Laubblättern vorkommen, in Chlorophyllkörner sei die Darstellung Mikoscn's mitgetheilt, welche er bezüglich der Primordialblätter 32, p. 18) in folgender Weise gibt.

»Beobachtungen an Primordialblättern.«

»Von Sacns wurde festgestellt, dass in den Palissadenzellen der Primordialblätter der Bohne das Plasma früher ergrünt, und dann erst in Körner zerfällt. Dasselbe gilt von den Primordialblättern von Vicia Fuba, V. sativa, Pisum sat. und Ervum Lens, und gewiss noch von vielen anderen. In allen diesen Fällen führen also die Palissadenzellen Plasmachlorophyllkörner (Plasmachlorophyllkorn steht im Gegensatze zu Mikoscn's Bezeichnung Stärkechlorophyllkorn. über welche dieser Autor folgendes p. 12 sagt: »Aus diesen mitgetheilten Beobachtungen ist zu ersehen, dass in Stärkekörner führenden Kotylen erstere an der Bildung der Chlorophyllkörner wesentlich betheiligt sind. Das grüne, in einigen Fällen auch das farblose, respective gelbe Plasma legt sich an die Stärkekörner; diese verschwinden allmählich und es werden echte Chlorophyllkörner gebildet, welche ich ihrer Entstehungsart nach Stärkechlorophyllkörner nennen will«. Anders verhält sich wieder die Sache in den an der Unterseite des Blattes liegenden Mesophyllzellen. Uebereinstimmend mit meinen an den Kotylen gemachten Beobachtungen finde ich in den unteren Mesophyllzellen Stärkechlorophyllkörner. Bei der Entfaltung des Blattes sind die Stärkekörner mit schwach gelbem, bald aber grün werdendem Plasma überzogen. Untersucht man nun das Blatt in den verschiedensten Altersstufen, so sieht man die Stärke allmählich schwinden und endlich gewöhnliche, stärkereere Chlorophyllkörner, die übrigens bei weitem nicht so intensiv grün gefärbt sind, als jene der Palissadenzellen.«

Gegen die Auffassung, dass bei den mitgetheilten Vorgängen in der Kartoffel, den Cotyledonen und den jungen Blättern das Stärkekorn früher vorhanden sei, als das Chlorophyllkorn, wendet sich zuerst Dknszcke 4) und behauptet, ein Chlorophyllkorn oder Etiolinkorn sei auch für die angegebenen Fälle stets der Erzeuger der vorhandenen Stärkekörner.

Die Beobachtungen, welche Dknszcke zu diesem Schlusse führten, sind übrigens, wie wir sehen werden, eben so wenig völlig richtig, wie die Hassklaxot's und fehlen merkwürdigerweise hauptsächlich da, wo Haberlandt und Mikoscn richtig gesehen haben.

Dknscke beschreibt die Verhältnisse für die Bohne folgendermassen: »Wiederholen wir die Beobachtungen Mikoscn's an Phaseolus multiflorus. In dem Protoplasma junger eben angelegter Kotyledonen erblickt man hier und da neben den metaplastischen Einschlüssen zarte Chlorophyllkörper. Mit der Ausbildung des Samens füllen sich diese mit je einem grossen Stärkekorne, wobei sie zu zarten Hüllen werden. Mit beginnender Fruchtreife verliert sich der Chlorophyllfarbstoff. Die Stärkekörner liegen jetzt in einer farblosen Hülle, die mit der Hautschicht des angrenzenden Protoplasma nicht verwechselt werden darf. Wenn man die Stärkekörner aus feinen Querschnitten austreten lässt, so bleibt die Hülle um dieselben sitzen. Sie quillt in Wasser und wird so deutlich sichtbar, besser noch durch Behandlung mit conc. Schwefelsäure und Jod, wodurch zugleich ihre protoplasmatische Natur bewiesen wird. Es sind dies auch die von Tanol. Das Protoplasma der Erbse, Sitzungsb. der k. Acad. d. Wiss. zu Wien. 1877. I Abth. Decemberheft, — Sep. Abdruck p. 6) beschriebenen Hautschichtsäcke um die Stärkekörner in den Kotyledonen der

Erbse. In reifen Samen verliert das Protoplasma mehr und mehr an Wasser. Es bildet jetzt ein feines Maschenwerk zwischen den die Stärkekörner umgebenden protoplasmatischen Hüllen. Schliesslich wird es so fest, dass man feine Schnitte mitten hindurch führen kann. Die Hüllen erscheinen jetzt wie dem Protoplasma angewachsen. Sie treten allein hervor, wenn Schnitte, aus denen die Stärke herausgerissen ist, mit Ammon behandelt werden. Lässt man auf ähnliche Schnitte aber nach einander Wasser, Alkohol, Glycerin einwirken, so erscheint das eigentliche Protoplasma trübe und körnig, von dem die Hüllschicht sich durch zwei scharfe Contouren, eine nach aussen gegen das Protoplasma und eine nach innen gegen das Stärkekorn, abhebt.

Es wurden nun die Samen der Bohne rasch an einem warmfeuchten Orte zum Keimen gebracht. Schon nach 21 Stunden waren die Kotyledonen weich geworden und die Hüllen in denselben hier und da zerfallen. Nach zwei Tagen der Keimung lagen die Stärkekörner frei im Protoplasma, die Hüllen zerbrochen und als Trümmer darin zerstreut.

Gleichzeitig sehen wir das Auftreten eigenthümlicher Körper, welche Protoplasmareaction zeigen. Sie erscheinen zuerst punktförmig und solide, dabei farblos oder gelblich. Besonders zahlreich sind sie in den peripherischen Zellen. Grösser geworden haben sie kleine Stärkeeinschlüsse, jedes Körnchen in einer besonderen Höhlung. Nach 4 Tagen der Keimung sind die primären Hüllen der grossen Stärkekörner verschwunden. Auch die Auflösung der letzteren hat von innen nach aussen zugenommen. Die Grösse der secundären Protoplasmakörperchen hat sich um das Doppelte bis Dreifache vermehrt. Sie enthalten jetzt 4—5 Stärkekörnchen. Einige Tage später sind die Kotyledonen über den Boden erhaben und ergrünt. Man sieht, dass ausser den secundären protoplasmatischen Körpern in denselben nichts ergrünt ist. Ihre kleinen Stärkeeinschlüsse, welche erst in einem gelben Körper eingebettet lagen, befinden sich jetzt in einem vollständigen Chlorophyllkörper. Die Kotyledonen schrumpfen darauf sehr bald ein. Ihr Stärkegehalt vermindert sich und damit auch der der Chlorophyllkörper. Letztere fallen gleichzeitig zusammen und erscheinen nun halb so gross wie vorhin. Wenn die Kotyledonen abgeworfen worden, haben die Chlorophyllkörner keine Stärke mehr. Sie erscheinen deutlich mit Vacuolen versehen, indem die Stellen, wo die Körner eingebettet lagen, leer geblieben sind.«

Bezüglich der Entstehung der Chlorophyllkörner in Kartoffelknollen gibt DEHNECKE (p. 43) folgendes an: »Im Protoplasma der peripherischen Zellen traten zuerst Etiolinkörper auf, dieselben füllten sich mit Stärke, bis sie in zarte Blasen verwandelt wurden, deren Vorhandensein nur noch indirect erwiesen werden konnte. Nicht selten wurden sie abgestreift. Alle drei Formen des Etiolins solide, stärkeeinschliessend oder abgestreift) ergrünen.« Von jungen Blattanlagen hat DEHNECKE nur die nicht ganz hierher gehörenden, sich wohl aber wesentlich wie die Laubblätter der Angiospermen verhaltenden Fiederblättchen von Allosorus untersucht und gibt von der Entstehung der Chlorophyllkörner in denselben folgende Beschreibung (l. p. 34 .

»Selbst in den jüngsten untersuchten Blattanlagen fanden sich die Chlorophyllkörper sowohl im Chlorenchym, als im Pneumenchym vollständig ausgebildet. Erstere enthielten keine Stärke, letztere in den jüngsten Stadien entweder keine oder nur Spuren davon. Mit dem Wachsthum des Blattes vermehrte sich auch der Stärkereichthum desselben, aber so unbedeutend, dass die Stärkekörner immer klein erschienen im Vergleich zum einschliessenden Chlorophyll. Mit der vollständigen Ausbildung des Blattes verschwand diese Stärke, um der Originalstärke Platz zu machen.«

Die fast gleichzeitig mit DEHNECKE's Arbeit erschienene Untersuchung SCHIMPER's ,3 brachte endlich völlige Klarheit in diese Fragen.

SCHIMPER ging von vorn herein darauf aus, die Entstehungsweise der Stärkekörner zu studiren, entdeckte dabei die weite Verbreitung der Anaplasten und erkannte ihr Verhältniss zu den von ihnen umschlossenen Stärkekörnern. Erst er schaffte durch die Betonung der wichtigen

Fähigkeit dieser Organe, Stärke zu bilden, den Boden für eine klare Anschauung über die hier besprochenen Thatsachen.

Ueber die Entstehung der Chlorophyllkörner der Kartoffelknolle spricht sich Schimper, auf die in seiner Arbeit vorher beschriebenen zahlreichen Thatsachen und auf die directe Beobachtung der Entwickelung der Anaplasten in der Kartoffel fussend, folgendermassen aus 3, p. 596 .

»In unterirdischen Organen, die an das Licht gelangen, verhält es sich ganz ebenso. In der Kartoffel sind namentlich die äusseren Zellen der Rinde instructiv. Die äussersten, dicht unter dem Korke liegenden enthalten, nach Wiesner, Etiolinkörner, welche unter dem Einflusse des Lichtes zu Chlorophyllkörnern werden sollen. Diese Körner, welche bloss unsere Stärkebildner (Anaplasten) sind, die hier wie in allen andern Fällen in den äussersten Zellen keine Stärke erzeugen, vermögen, so weit meine Beobachtungen reichen, nur zu sehr kleinen, schwach gefärbten, in etwas tieferen Zellen aber, wo sie Stärkekörner tragen, zu grösseren, lebhaft grünen Chlorophyllkörnern zu werden. Wo die Stärkekörner sehr klein sind, werden sie vollständig aufgelöst. In den tiefen Regionen der Knolle, wo die Stärkekörner sehr gross, sind die Stärkebildner auf etwas gequollenen Schleim reducirt und können natürlich nur zu undeutlich begrenzten, zarten Chlorophyllmassen werden.«

Es ist also jetzt die Sache sehr einfach und klar. In der jungen Kartoffelknolle finden sich stärkefreie farblose Trophoplasten (Stärkebildner Schimper's), welche mit den Stärkekörnern, die sie bald erzeugen, heranwachsen und auch in der erwachsenen Knolle noch theilweise oder ganz umhüllen. Durch das Ergrünen und gleichzeitige Grösserwerden dieser vorher schwer erkennbaren Anaplasten entstehen die grünen Trophoplasten der Knolle, welche durch Lösung der an und in ihnen wachsenden Stärkekörner schliesslich stärkefrei werden können.

Es ist also hier der Trophoplast das *Prius*, nicht das Stärkekorn.

Aus Schimper's Angaben, welche er in seiner späteren Abhandlung (Untersuchungen über das Wachsthum der Stärkekörner (66, p. 186.) über die Entstehung der Stärkekörner in den Cotyledonen der Leguminosen macht, geht hervor, dass sich die Sache bezüglich der Entwickelung der Stärkekörner so verhält, wie es Dennecke beschrieben hat (Siehe p. 69 d. A.); auf die Ausbildung der farblosen Trophoplasten zu Autoplasten in den Cotyledonen der Leguminosen nach der Keimung kommt Schimper nicht zu sprechen.

Ich habe deshalb die Entwickelungsgeschichte der Trophoplasten der Cotyledonen von *Phaseolus multiflorus* nochmals genau verfolgt und will dieselbe hier kurz beschreiben, wobei sich herausstellen wird, dass die Verhältnisse denen ganz analog sind, welche wir bei der Kartoffel fanden.

Die Trophoplasten der Cotyledonen von *Phaseolus multiflorus* bemerkt man schon in einem sehr frühen Stadium der Ausbildung des Embryo als erst gelbliche, dann grünliche kleine Körperchen, welche sehr bald Stärkekörnchen erzeugen, die aber erst dann schnell zu einzelnen grossen Amylumkörnern werden, wenn das Wachsthum der Zellen ein schwächeres wird. Dann verschwinden die Trophoplasten infolge der starken Dehnung, die sie durch die Stärkekörner erleiden für das Auge vollständig, so dass man nicht sagen kann, ob sie noch grünlich sind, oder ob sie farblos geworden. Sie lassen sich aber, wie Dennecke richtig angibt, durch Reagentien noch nachweisen.

Bei der Keimung, wenn sie unter normalen Verhältnissen in der Erde stattfindet, beginnt die Lösung der Stärkekörner innerhalb der Trophoplasten sehr bald und zwar zuerst und am auffallendsten in den äussersten, unter der Epidermis gelegenen Zellen der Cotyledonen, und in diesen peripherischen Zellen erkennt man deshalb auch zuerst die fast farblosen oder gelblichen Trophoplasten wieder, da sie sich successive und gleichzeitig mit der Lösung der sie dehnenden Stärkekörner wieder contrahiren. Dabei ist von einem Zerbrechen der Hüllen und von einer Neubildung von Trophoplasten, wie sie Dennecke angibt, nichts zu sehen.

Die Stärkekörner werden übrigens in den einzelnen Zellen je nach ihrer Rissigkeit und Grösse schneller oder langsamer gelöst, so dass der eine Trophoplast in der Zelle ganz stärkefrei sein kann, wenn der andere noch einen grossen Einschluss enthält.

Sind die Cotyledonen über den Boden getreten und während der Lösung der Stärke dem Lichte ausgesetzt, welches natürlich auf die äussersten Zelllagen am schnellsten einwirken kann, so ergrünen alle vom genügend intensiven Lichte getroffenen Trophoplasten. Diejenigen, welche in stärkefreien Zellen liegen, wachsen dabei weniger heran, als diejenigen, welche noch Stärkekörner einschliessen, wahrscheinlich, weil es den stärkefreien Zellen an der nöthigen Zufuhr von Bildungsmaterial, von Kohlehydraten, fehlt. Zuletzt findet man die Zellen mit ungleich grossen Trophoplasten erfüllt, von denen manche auch Stärkekörnchen führen, die sich durch ihre Form als secundäre, vielleicht durch Assimilation entstandene, zu erkennen geben.

Die Thatsachen sind also auch hier nicht so aufzufassen, als bilde sich das Chlorophyllkorn durch Ansammlung von ergrünendem Plasma um die Stärkekörner, sondern es ist die an den ergrünenden Cotyledonen zu beobachtende Erscheinung nur als ein besser Sichtbarwerden vorher vorhandener fast farbloser, gedehnter Trophoplasten zu erklären, welches durch die Contraction der Substanz des Trophoplasten, durch dessen Wachsthum und dessen Grünfärbung bewirkt wird. In gleicher Weise ist ja, wie wir p. 3 sahen, auch das scheinbare sich frei aus dem Plasma Herausformen der Autoplasten der Sojabohne nur als ein leichter Erkennbarwerden vorher vorhandener, fast farbloser Trophoplasten aufzufassen.

Ganz gleich verhält sich die Sache nun auch nach meinen Beobachtungen bei der Entstehung der Trophoplasten der Laubblätter Siehe auch DRANSCKE's Angaben bezüglich *Allosorus* p. 70 d. A.). Die meisten Laubblätter führen in den Jugendstadien, z. B. so lange sie in der unentfalteten Knospe ruhen, farblose Trophoplasten in den Zellen, welche vorzüglich im Parenchym der Blattunterseite Stärkekörner erzeugen und mit diesen bis zu einer gewissen Grösse heranwachsen. Bei der Entfaltung der Blätter wird die Stärke meist gelöst und wohl zur Ernährung der wachsenden Zelle verwandt. Dabei wachsen die Trophoplasten unter gleichzeitigem Ergrünen heran und vermehren sich zugleich durch Theilung. Es macht dann allerdings bei oberflächlicher Beobachtung oft den Eindruck, als entständen die jungen Trophoplasten aus Stärkekörnern, weil die farblosen Trophoplasten schwer zu erkennen sind, und das Ergrünen derselben zugleich mit der Lösung der Stärke erfolgt.

Also für alle die Fälle, welche der Ansicht zur Stütze dienten, dass sich Chlorophyllkörner durch Umlagerung der Stärkekörner mit ergrünendem Plasma bilden könnten, hat es sich gezeigt, dass die Trophoplasten das *Prius* sind, und zugleich sehen wir, dass in allen Fällen das morphologische Verhältniss zwischen den Stärkekörnern und Trophoplasten das gleiche ist, sowohl in der Knolle der Kartoffel als in dem Parenchym der Laubblätter.

Nachdem wir so mit der Frage nach der Entstehung der Autoplasten aus Stärkekörnern abgeschlossen haben, wollen wir uns zur Besprechung der Ansicht wenden, welche über die Entstehung der Autoplasten ausserdem noch existirt.

Die heute verbreitete Anschauung über die Entstehung der Autoplasten ist wesentlich aus der Auffassung SACHS' hervorgegangen, welche dieser Forscher aus seinen eigenen Beobachtungen ableitete. Es wird deshalb von Nutzen sein, wenn wir uns zuerst darüber klar zu werden suchen, in welcher Weise diese Ansichten SACHS' entstanden sind.

ARTHUR GRIS 43) hatte aus seinen Beobachtungen, die er wahrscheinlich meist an Objecten gemacht hatte, welche durch die Präparation verändert worden waren, den Schluss gezogen, dass die Chlorophyllkörner eine *emanation* des Zellkernes seien. SACHS wandte sich gegen diese unrichtige

Ansicht von Gris und suchte deshalb nach Beispielen, welche zeigen konnten, dass Chlorophyllkörner auch aus wandständigem Plasma entstehen (20, p. 137). Solche Beispiele fand Sachs in den jungen Palissadenzellen von Cotyledonen und Laubblättern, d. h. in solchen Zellen, deren Wände nach der definitiven Ausbildung der Zellen dicht mit Autoplasten besetzt sind, welche ihren Platz gewöhnlich nicht verlassen (Siehe Cap. 4 u. 5 d. A.). Die Entstehung der eben erwähnten Autoplasten schien Sachs leicht richtig beobachtbar und auffassbar, während er über die Entstehung der Autoplasten in solchen Fällen (20, p. 163 *Opuntia?*), in welchen dieselben nach ihrer Ausbildung unregelmässig im Zellraume gruppirt waren, also Blattzellen angehörten, bei denen im fertigen Zustande eine Umlagerung der Autoplasten durch die verschiedenen, früher besprochenen Verhältnisse leicht bewirkt wird, sich nicht klar werden konnte.

Die Erscheinung, welche Sachs bei Beobachtung jüngerer und älterer Stadien der Palissadenzellen an dem Plasma und den Chlorophyllkörnern wahrnahm, sind es daher wohl hauptsächlich gewesen, welche seine Anschauung über die Entstehung der Autoplasten hervorriefen.

In Sachs' Arbeit »Uebersicht der Ergebnisse der neueren Untersuchung über das Chlorophyll«, welche 1862 in der Flora erschien, finden wir auf S. 137 eine Stelle, welche uns am einfachsten mit der Entstehungsgeschichte der Anschauung Sachs' über die Entwickelung der Autoplasten und über Sachs' Anschauung selbst unterrichtet. Sachs sagt dort: »Um Gris' Ansicht über die Entstehung der Autoplasten nochmals zu prüfen, habe ich dieser Tage eine sorgfältige und wiederholte Untersuchung der Entwickelung des Chlorophylls in den austreibenden Blätterconvoluten der Zwiebeln von *Allium Cepa* vorgenommen. Ein Querschnitt durch den unteren nicht grünen Theil eines solchen Blätterconvoluts zeigt, dass unter der Oberhaut der inneren Blätter eine intensiv gelbe Schicht, welche der Chlorophyll führenden Schicht grüner Blätter entspricht, liegt. Sehr fein auslaufende Querschnitte[1], welche ganze und halbe Zellen enthalten, zeigen deutlich einen dicken Gallertüberzug an der Zellwand, welcher selbst mit den stärksten Objectiven eines sehr guten HARTNACK'schen Instrumentes beinahe homogen erscheint, aber zahlreiche, das Licht anders brechende Punkte erkennen lässt, die ich jedoch nicht als Körnchen bezeichnen möchte, da sie keineswegs die scharfe Begrenzung der bekannten glänzenden Plasmakörnchen haben. Auch zeigen diese Punkte bei sorgfältiger Betrachtung eine gewisse Regelmässigkeit ihrer Vertheilung. Die homologen Zellen derselben Blätter in der Nähe der schon gelbgrünen Spitze zeigen noch dieselbe Auskleidung mit Gallert, die aber auf den ersten Blick sehr grumös aussieht, bei längerer aufmerksamer Betrachtung aber zeigt, dass die homogene Gallertmasse noch dieselben anders brechenden Stellen enthält wie früher, dass aber diese Stellen sich erweitert haben; es sind scheinbare Körner in der Grundmasse entstanden, die sich aber noch nicht scharf von dieser abgrenzen; man kann nicht deutlich erkennen, ob die körnerartigen Concretionen stärker Licht brechen oder die dazwischen liegende, sie trennende Masse. Behandelt man die Objecte mit einer sehr schwachen Jodlösung, so färbt sich die ganze Gallert hellbräunlich, und wenn man den Vorgang verfolgt, so erkennt man deutlich, dass dies grumöse Aussehen nicht von scharf begrenzten Körnern herrührt, sondern die ganze Gallerte ist eine continuirliche Masse mit dichteren und minder dichten Stellen.

An feinen Schnitten aus jungen aber schon völlig grünen Blättern auskeimender Zwiebeln finde ich das Protoplasma noch immer in Gestalt eines continuirlichen Wandbelegs; die Stellen von anderer Dichte in der Grundmasse des Belegs sind jetzt grösser, grün, polyedrisch, schärfer begrenzt und stellen die jungen Chlorophyllkörner dar, zwischen denen die farblose Grundmasse der Gallert helle Leisten, Trennungslinien bildet.«

---

[1] Feine Querschnitte, welche Sachs benutzte, sind, wie ich hier gleich bemerken will, in allen Fällen, wo es sich um Beobachtung von Autoplasten handelt, wenig geeignet, um daran den wahren Sachverhalt zu erkennen, da in jeder verletzten Zelle die Trophoplasten meist sofort zerstört werden, und bei Zufügung von Wasser zu dünnen Schnitten ein Zerfall der Trophoplasten sehr leicht eintritt.

74

Die Beschreibung, welche Sachs hier von dem Aussehen des Protoplasmas jüngerer und älterer Zellen des Palissadenparenchyms der Blätter von *Allium Cepa* gibt, ist, wie wir weiter unten sehen werden, exact. Auch Hofmeister's kurze Beschreibung (16, p. 365), die theilweise nach eigenen Beobachtungen gemacht zu sein scheint (Siehe Anmerkung), stimmt fast genau mit der Sachs'schen Darstellung.

Hofmeister sagt: »An sehr zarten Durchschnitten noch nicht grüner Blätter von *Allium Cepa* erkennt man im protoplasmatischen Wandbeleg der späterhin Chlorophyll führenden Zellen punktförmige, nicht scharf umschriebene Stellen abweichender Lichtbrechung in ziemlich regelmässiger Vertheilung. Diese Stellen nehmen an Grösse zu, die zusammenhängende Schicht erscheint weiterhin in Areolen und zwischen diesen verlaufende Streifen verschiedenartiger Lichtbrechung gesondert. In eben ergrünenden Blättern finden sich an der Stelle jener Areolen polygonale, scharf begrenzte, grün gefärbte Chlorophyllkörper, zwischen denen farblose protoplasmatische Substanz helle Leisten, Trennungsstreifen bildet.«

Untersuchen wir die Verhältnisse der Chlorophyllentwickelung bei *Allium Cepa* selbst und unter Berücksichtigung aller Erfahrungen, welche wir über die Trophoplasten bisher gemacht haben, so stellt sich die Sache folgendermassen dar.

Entwickelung der Autoplasten von *Allium Cepa*.

Die von mir zur Untersuchung benutzten jungen Zwiebelpflanzen hatten im Mai schon 0,6 Meter lange Blätter getrieben. Die äussersten 4—5 dieser Blätter waren völlig ergrünt und nur die 2—3 inneren, noch zum grössten Theile von den Scheiden der äusseren gedeckten, jungen Blätter waren an einem grösseren oder kleineren Stücke der Basis gelblich oder weiss.

Während die Spreiten der erwachsenen Blätter bis zum Grunde hohl sind, findet man bis 2 dm lange, jüngere Blätter noch ganz massiv, erst später werden sie von der Spitze aus hohl. Solche massive Blätter zeigen im Längs- und Querschnitte durch die hellgrünen Theile der Basis einen Bau, wie ihn Fig. 72 schematisch darstellt (nur 120fache Vergrösserung). Die hellere und dunklere Schattirung der Zellen in der Figur soll die verschiedenen Intensitäten von deren Grünfärbung andeuten. e bezeichnet die farblose Epidermis, a und a' sind zwei Lagen junger Palissadenzellen, welche fast noch isodiametrisch, kaum radial gestreckt sind. Bei b befinden sich hellgrüne, in der Richtung der Axe des Blattes gestreckte Zellen, und an sie schliessen sich, ihnen in der Form gleichende, aber viel grössere Zellen an, welche an grosse Intercellularräume L grenzen. Nach innen zu werden die Intercellularräume von farblosen, sehr grossen Zellen, d, begrenzt, welche dann bis zum Centrum des Blattes das Zellgewebe um die grossen Intercellularräume des farblosen Blattinnern bilden.

Die Palissadenzellen, welche im meristematischen Zustande völlig isodiametrisch sind, strecken sich während ihrer Ausbildung nach und nach mehr in radialer Richtung, während die übrigen Elemente des Blattes bei ihrer Weiterentwickelung sich mehr und mehr in der Richtung der Axe des Blattes verlängern.

Die Palissadenzellen besitzen im unteren Theile junger, etwa 4 mm langer Blätter, dicht über der Scheide einen Durchmesser von 0,015 mm. Die gleichen Dimensionen findet man an den meristematischen Palissadenzellen der Basis dicht über der Scheide etwa 2,5 cm langer Blätter; etwa 2 cm über der Scheide haben die Palissadenzellen einen Durchmesser von 0,03—0,05 mm. Letztere Zellen sind schon völlig ergrünt, und ihre Wände sind meist schon dicht mit Autoplasten besetzt. Wenn die Palissadenzellen ausgewachsen sind, zeigen sie einen radialen Durchmesser von 0,07 bis 0,2 mm; letzterer ist also von dem Meristemzustande bis zur völligen Ausbildung der Zelle um das Zehnfache gewachsen.

Wollen wir nun in den Palissadenzellen und der darunter liegenden, noch relativ stark ergrünenden Zellschicht die Entwickelung der Autoplasten richtig beobachten, so müssen wir uns zuerst einiges, was uns aus dem Früheren bekannt ist, ins Gedächtniss zurückrufen. Erstens wissen wir, dass der Wachsthumsprocess der Trophoplasten unabhängig vom Lichte vor sich gehen kann wie unserer Besprechung der farblosen Trophoplasten. Auch Sachs hat ja für die Autoplasten der Blätter schon 1859 12. p. 6) und speciell für *Allium Cepa* in der Botanischen Zeitung 1862, p. 366 gezeigt, dass die Chlorophyllkörner sich ausbilden können, ohne zu ergrünen. Wir dürfen also auch in den farblosen Meristemzellen nach den ersten Anfängen der Autoplasten suchen, werden aber zugleich gut thun solche junge Blätter zu wählen, welche möglichst weit zum Meristem hinab ergrünt sind, weil die Färbung der Trophoplasten ihre Erkennung sehr erleichtert. Zweitens ist uns bekannt, dass die Trophoplasten an keinen bestimmten Ort in der Zelle gebunden sind. Da aber die Lagerung der Trophoplasten in jungen Zellen einen bedeutenden Einfluss auf die Erkennbarkeit der kleinen Trophoplasten übt, so wird man sich möglichst günstige Stadien der Lagerung der Trophoplasten aussuchen müssen, wenn man richtig beobachten will. Würden z. B. alle jungen Trophoplasten um den Zellkern angehäuft sein und dort, wie gewöhnlich, in körniges Protoplasma eingebettet liegen, so würde man die einzelnen Trophoplasten schlecht erkennen, und selbst, wenn sie grün wären, würde man leicht den Eindruck empfangen, als habe man eine mehr oder weniger gleichmässig grüne, einheitliche Masse vor sich. Am besten eignen sich nun die Zellen zur Beobachtung, deren Trophoplasten möglichst zahlreich im Wandbelege liegen. Hier ist das umhüllende Plasma am wenigsten undurchsichtig, die Trophoplasten kommen nur nebeneinander und nicht vor einander liegend vor, und alle Verhältnisse treten deshalb bei hoher Einstellung des Mikroskops auf die Zellwand möglichst klar hervor. Ich habe bei *Allium Cepa* meist günstige Lagerungsverhältnisse der Trophoplasten gefunden, wenn ich 2 dm lange Blätter Abends unterhalb der Scheide abschnitt, sie sogleich bis zur halben Länge in Wasser steckte und am kommenden Morgen untersuchte. Drittens müssen wir sehr auf die Zerstörungen achten, welche Wasser an den Trophoplasten anrichtet und deshalb nicht zu dünne Schnitte und nur Zellen zur Beobachtung benutzen, deren Zellkern noch völlig intact ist.

Suchen wir uns nun ein möglichst weit hinab ergüntes, junges, etwa 2 dm langes Blatt von *Allium Cepa* aus und betrachten wir einen Längsschnitt aus der hellgrünen Region des Blattes, etwa 3 cm über der Blattscheide, so sehen wir in den Palisadenzellen bei hoher Einstellung des Mikroskopes auf die Zellwand die kleinen hellgrünen Trophoplasten oft in relativ geringer Anzahl, aber deutlich und scharf begrenzt auf der Radialwand der Zelle sitzend, wie es Fig. 74 darstellt. Viel deutlicher sieht man die kleinen Trophoplasten in den Zellen der Region *e* unseres Schema (Fig. 72); ich habe eine Zelle in Fig. 75 abgebildet. In den grossen Zellen des Centralgewebes des Blattes liegen die Trophoplasten meist als kleine farblose Körner um den grossen Zellkern herum, weniger zerstreut an den Wänden. Fig. 76 stellt den Zellkern einer solchen Zelle mit den ihn umgebenden Trophoplasten dar. Geht man im Blatte aufwärts und beobachtet die successive grösser werdenden Palisadenzellen weiter, so sieht man, dass die Trophoplasten sich durch Theilung vermehren, grösser und dunkler werden, bis sie etwa die Grösse der Fig. 77 erreicht haben. Geht man von der zuerst erwähnten Region, aus welcher Fig. 72 entnommen ist, abwärts bis zur gelben Partie, also etwa 1 cm tiefer, so findet man die Trophoplasten kleiner, gelblich und in farbloses Plasma eingebettet, wie es in Fig. 73 dargestellt ist. In den farblosen Theile der Basis der Blattspreite sind die Trophoplasten farblos, kleiner, weniger zahlreich als in den gelben Zellen, aber überall als begrenzte, vom übrigen Plasma gut zu unterscheidende Körper da zu erkennen, wo es die Verhältnisse der Lagerung der Trophoplasten und der guten Erhaltung des Zellinhaltes erlauben. Deutlicher lässt sich übrigens alles an den Zellen der Region *e* unseres Schema (Fig. 72) erkennen, weil diese die Trophoplasten meist in günstiger Lagerung zeigen und im Wachsthum immer voraus sind, da sie sich weniger oft theilen als die Palisadenzellen.

Unsere Beobachtungen stimmen also mit denen von Sachs und Hofmeister gut überein.

14*

Sacus hat ebenfalls die jugendlichen Trophoplasten, allerdings nur bis in die gelben Zellen, verfolgt, deutlich wahrgenommen und beschrieben.

Sollen wir die eben geschilderten Thatsachen, soweit sie auf die Entstehung der Autoplasten Bezug haben, mit kurzen Worten zusammenfassen, so müssen wir sagen, dass von einer eigentlichen Entstehung der Autoplasten nichts zu beobachten ist; denn wir finden schon in den farblosen Meristemzellen der Blattbasis kleine farblose Trophoplasten, welche mit dem Wachsthume der Zelle an Grösse und durch die Beleuchtung nach und nach auch an Intensität der Färbung zunehmen, sich durch Theilung vermehren und schliesslich die Autoplasten der Parenchymzellen des fertigen Blattes vorstellen.

Sacus, dem damals in der Zeit, in welcher er die erwähnten Beobachtungen über die Entstehung der Autoplasten anstellte, die Frage nach der Protoplasmanatur der Chlorophyllkörner selbstverständlich noch sehr in dem Vordergrunde stehen musste, dem die Erfahrungen, welche wir in letzter Zeit über die Natur der Trophoplasten gemacht haben, noch nicht zur Seite waren, und der deshalb keine so scharfe Unterscheidung zwischen der farblosen Grundmasse des Chlorophyllkorns und dem übrigen Protoplasma machte, als wir jetzt wohl machen dürfen, gab den Thatsachen eine andere, allerdings über die Grenze des wirklich Beobachteten hinausgehende Deutung, welche jedoch unsere jetzige Anschauung über die Entstehung der Chlorophyllkörner hervorgerufen hat und beherrscht. Sacus sagt nämlich im Anschlusse an die oben p. 73 u. A.) mitgetheilte Beobachtung der Entwickelung der Chlorophyllkörner von *Allium Cepa* (20. p. 162 folgendes:

»Den beschriebenen sichtbaren Hergang möchte ich mir folgendermassen auslegen: In der anfangs homogenen Gallert bilden sich einzelne Punkte, durch Ansammlung eines Bestandtheils der Gallert, um diese Centra herum lagern sich die gleichartigen Moleküle der Gallert durch einen inneren Bewegungsprocess so lange, bis eine innere Sonderung zweier vorher innig gemengter Substanzen der Gallert stattgefunden hat: die eine Substanz bildet die Chlorophyllkörner, während die andere zwischen ihnen liegen bleibt und sich nicht grün färbt.«

Sacus macht hier zwei Hypothesen. Einmal nimmt er an, dass die Gallert anfangs homogen ist, und diese Annahme ist von uns als falsch erwiesen, da wir ja die meristematischen Stadien des Blattgewebes untersucht haben und dort die Chlorophyllkörner schon fanden: das andere Mal macht Sacus die Hypothese, dass die Moleküle, durch welche die Chlorophyllkörner wachsen, schon von vorn herein in der jungen Zelle vorhanden seien. Die Wahrscheinlichkeit der letzteren Hypothese ist wohl gegenüber der Annahme, dass die Moleküle, welche in die Trophoplasten eintreten und zu deren Wachsthum verwandt werden, wie die zum Wachsthum des Zellkernes, der Zellwand, des ganzen Protoplasmas benutzten während des Heranwachsens der Zelle erst aus zugeführten Nährstoffen neu gebildet werden, eine sehr geringe, und da sie von keiner Thatsache gestützt und gefordert wird, so werden wir wohl das Recht haben, dieselbe zurückzuweisen und nicht weiter zu berücksichtigen.

Wenn also keine weiteren von Sacus mitgetheilten Thatsachen für die Anschauung von Sacus sprechen wie die, welche er bei der Beschreibung der Entwickelung der Autoplasten von *Allium Cepa* angibt, so sind wir berechtigt auszusprechen, dass gegenüber der Sacus'schen Auffassung, welche eine **Entstehung** der Trophoplasten in dem vorher dieser Organe entbehrenden Protoplasma junger Zellen annimmt, durch die Thatsachen die Anschauung näher gelegt wird, dass niemals in den Zellen des Blattmeristems eine Entstehung der Trophoplasten stattfindet, **dass sich diese Organe vielmehr nur durch Theilung vermehren** und mit dem Protoplasma, welchem sie eingebettet sind bei der Theilung einer Meristemzelle der Blattbasis als junge und kleine Organe in die Tochterzellen übergehen.

Dass aber keine anderen Thatsachen für Sacus' Anschauung sprechen, wollen wir im

Folgenden auseinandersetzen. Sachs hat ausser der Beschreibung der Entstehung der Autoplasten von *Allium Cepa* keine weitere genauere Schilderung dieses Vorganges bei am Lichte erwachsenen Pflanzen gegeben. Nur in der Flora 1862, p. 137, bespricht er noch kurz die Entstehung der Autoplasten in den Cotyledonen verschiedener Pflanzen.

Er sagt darüber Folgendes: »Bei *Phaseolus, Zea Mais, Ricinus, Vicia Faba* findet schon während der Samenruhe in den Primordialblättern und Cotyledonen der Keime bei sorgfältiger Präparation in den unter der Epidermis liegenden Zellen, die später grün werden, eine gallertartige Auskleidung der Zellwand, welche einzelne Stellen der letzteren frei lässt und mit den Abbildungen in Guis (43, Tafel 5, Fig. b und Tafel 10, Fig. 4—6) verglichen werden kann. Wenn die Blätter des Keims sich entfalten, so erweicht sich diese während der Samenruhe harte Gallerte, sie zerfällt in dicht neben einander liegende harte Körner, in Chlorophyllkörner, welche dann oft die frühere Anordnung des Plasmas, aus dem sie entstanden sind, nachahmen.« Dass auch für die neben den jungen Blättern als Beispiel angeführten Cotyledonen die Sachs'sche Darstellung und Auffassung nicht richtig ist, geht aus dem im Anfange dieses Capitels über die Chlorophyllkornentwickelung in den Cotyledonen der reifen Samen von *Phaseolus* und *Soja* Gesagten hervor. Ueber *Ricinus* kann ich übrigens noch mittheilen, dass man dort schon im trockenen Cotyledon der reifen Samen, wenn man der breiten Fläche der Cotyledonen parallel laufende Schnitte herstellt und diese zuerst in Alkohol, dann in wässriges Methylgrün und schliesslich in dünnes Glycerin bringt, die Trophoplasten als stark lichtbrechende Körnchen neben dem gefärbten Zellkerne liegen sieht; diese Körnchen wachsen, theilen sich und ergrünen später.

Der eben mitgetheilte Ausdruck Sachs' »die Gallerte zerfällt in Chlorophyllkörner« ist also ebenfalls nicht dem Sachverhalte entsprechend.

Wir finden denselben auch in Verbindung mit einer falschen Beobachtung an verschiedenen Stellen von Sachs' Arbeiten wieder, die ich, weil sie vielleicht zur Entstehung der Anschauung Sachs' beigetragen hat, hier noch besonders erwähnen muss.

In seiner ersten Arbeit über die Chlorophyllkörner »Lotos 1859, p. 6 und 7« sagt Sachs, dass das Plasma der Zellen vieler Gewächse ergrünen könne, ehe es in Körner zerfalle. Er führt dabei eine Reihe von Beispielen an und beruft sich auch auf Arthur Gris' Angaben. Ebenso sagt er in der Botanischen Zeitung 1862, p. 366, dass er diesen Vorgang an den Cotyledonen vergeilter und dann an das Licht gestellter Keimpflanzen von *Cucurbita* beobachtet habe.

Diese Beobachtungen beruhen alle auf Täuschung; denn es ergrünen stets nur vorher geformte, allerdings oft sehr nahe aneinandergerückte Trophoplasten, die von Protoplasma umhüllt und durch dieses getrennt sind, in den Zellen der angiospermen Pflanzen, wie ich mich durch Nachuntersuchung verschiedener Angaben überzeugt habe.

Zu dieser Täuschung können natürlich hauptsächlich leicht etiolirte Blätter führen, in denen die Trophoplasten bis zu einer ganz erheblichen Grösse heranwachsen können, ohne dass sie ergrünen, und deren trennende Protoplasmahülle oft so schwach ist, dass sie übersehen werden kann.

In seinem Lehrbuch der Experimentalphysiologie vom Jahre 1865 23, p. 313 und 315) stellt Sachs den Vorgang der Entstehung der Chlorophyllkörner in ähnlicher Weise dar wie in seiner besprochenen Abhandlung vom Jahre 1862. Die Beispiele, die er dort für die Entstehung der Chlorophyllkörner beschreibt, beziehen sich auf etiolirte Blätter, sind deshalb viel weniger geeignet als das Beispiel von *Allium Cepa*, den wahren Sachverhalt hervortreten zu lassen, und können, da Sachs sie als gleichwerthig mit diesem letzteren Beispiele betrachtet, unberücksichtigt bleiben. Uebrigens verhält sich die Sache bei *Dahlia variabilis*, wie ich mich überzeugt habe, auch ganz wie bei *Allium Cepa*.

Es findet sich also nichts in den Angaben von Sachs, was gegen unsere auf p. 76 d. A. ausgesprochene Ansicht, dass die Trophoplasten in den Meristemzellen der Blätter nicht entstehen, sondern schon als kleine, aber geformte Organe bei der Zelltheilung mit in die Tochterzellen hinübergenommen werden, spricht.

Es sei zuletzt bemerkt, dass sich SACHS'S Darstellung der Entwickelung der Autoplasten in den Zellen der Internodien von *Peperomia blanda* (34, p. 195, welche auch SACHS (23. p. 318) erwähnt, sehr gut mit unseren an *Allium* gemachten Beobachtungen und mit unserer Deutung derselben übereinstimmt.

Mit der Erkenntniss, dass die Trophoplasten in den Meristemzellen der wachsenden Blätter schon als geformte Organe der Zelle vorhanden sind, erscheint die Frage nach der Entstehung der Trophoplasten für uns allerdings nur hinausgeschoben: denn es wäre ja immer noch die Möglichkeit vorhanden, dass in den Zellen des Vegetationspunktes das Protoplasma — mit Ausschluss des Zellkernes — homogen wäre und aus demselben in einer gleichen oder ähnlichen Weise, wie bisher auf SACHS' Vorgang hin angenommen wurde, eine »freie Chlorophyllkornbildung« stattfände. Wir wollen deshalb versuchen auch die Frage zu entscheiden, ob die Blattinitialzellen schon Trophoplasten enthalten. Zur Untersuchung dieser Frage lässt sich, wie leicht einzusehen, nur ein zur Beobachtung der Trophoplasten sehr geeignetes Object verwenden. Ein solches liegt in *Elodea canadensis* vor.

Diese Pflanze ist deshalb zur Untersuchung der Entwickelungsgeschichte der Autoplasten besonders vortheilhaft, weil die Blätter derselben nur aus zwei Schichten flacher Zellen bestehen, welche gegen Wasser auch in abgeschnittenen Blattstücken wenig empfindlich sind, und weil auch in den jüngsten Theilen der im Wasser wachsenden Laubknospen die Trophoplasten meist schon grünlich gefärbt und dadurch leichter erkennbar sind. Auch erhöht der Stärkegehalt der Trophoplasten (der im Mai fast in keiner Zelle fehlte) die Leichtigkeit des Auffindens junger Zustände der Chlorophyllkörner.

Untersucht man zuerst die meristematischen Zellen der Basis junger, etwa 0,7 mm langer Blätter aus dem Innern einer Laubknospe, so findet man, wie die Abbildung einer Zelle der Blattoberseite Fig. 79, zeigt, kleine grüne Trophoplasten, welche meist längliche Stärkekörnchen einschliessen, im vacuoligen, farblosen Plasma vertheilt.

Klar tritt dieses Verhältniss nur hervor, wenn man das Mikroskop möglichst hoch auf die Zellwand einstellt Fig. 79, a : stellt man es tiefer, auf das Protoplasma, ein, so erscheint das Protoplasma durch die nicht im Focus befindlichen Autoplasten scheinbar grün gefärbt, wie es in Fig. 79, b dargestellt ist. Die Zahl der Trophoplasten in den meristematischen Zellen ist eine ziemlich grosse, sie braucht sich wohl höchstens zu verdoppeln, um zu der in den ausgewachsenen Zellen enthaltenen anzuwachsen. Die Grösse der Trophoplasten steigt ziemlich schnell, wenn man von dem Meristem nach der Spitze des Blattes zu vorschreitet.

Eine einige Zellen unter der Spitze und in der Mitte der einen Blatthälfte liegende Zelle hatte die Gestalt und Grösse der Fig. 80. Auch in derartigen Zellen ist das Plasma meist noch vacuolig, und sie erscheinen wie vergrösserte Copien der Meristemzellen.

Untersucht man successive ältere Blätter, so sieht man Zellen und deren Autoplasten an Grösse zunehmen und findet nun reichlich Theilungszustände der letzteren. Fig. 81 stellt den Umriss einer Zelle aus der Mitte eines erwachsenen Blattes dar und im oberen Theile ein Stück des Protoplasma mit den darin liegenden Autoplasten, bei hoher Einstellung. Die letzteren liegen, wenn man Blätter von Pflanzen untersucht, welche im diffusen Lichte erwachsen sind, hauptsächlich auf der Innenwand der Zellen (Siehe auch 30, p. 331, weniger zahlreich auf der Aussenwand ; Theilungsstadien derselben findet man auch in den erwachsenen Zellen noch häufig. In den Zellen des einschichtigen Blattrandes vermehren und vergrössern sich die Trophoplasten wenig und sind meist sehr wenig grün, oft ganz farblos.

Die Trophoplasten sind also auch bei *Elodea* wie bei *Allium* im Meristem der Blätter überall zu finden. wachsen mit den Zellen heran und vermehren sich durch Theilung. Von einer Entstehung der Chlorophyllkörner im Meristem der Blattbasis darf also auch hier nicht geredet werden.

Geht man am Vegetationspunkte aufwärts und untersucht die jüngste Blattanlage oder selbst eine Zelle des noch höher am Vegetationspunkte hinauf gelegenen Meristems, so findet man, wie es in Fig. 78 dargestellt, auch hier schon die allerdings sehr kleinen und schwach grünen Trophoplasten, welche meist kleine Stärkeeinschlüsse führen.

Man überzeugt sich leicht, dass die Körner, welche wir hier als Trophoplasten beschreiben, unzweifelhaft solche sind, wenn man von den Blattanlagen, in welchen die grünen Trophoplasten leicht zu erkennen sind, ausgeht und mit der Beobachtung successive am Vegetationspunkte aufsteigt. Sowohl im Dermatogen als in dem von ihm umhüllten meristematischen Gewebe des Vegetationspunktes erkennt man dann die kleinen stärkeführenden Trophoplasten relativ leicht und unzweifelhaft.

Also auch im Meristem des Vegetationspunktes sind die Trophoplasten schon vorhanden, auch für das Meristem ist man nicht gezwungen eine Entstehung der Trophoplasten anzunehmen, auch dort findet bei der Zelltheilung nur ein Uebergang der kleinen Organe in die Tochterzellen statt.

Ebenso wie die Trophoplasten der im Lichte erwachsenen Blätter von *Elodea* verhalten sich diejenigen, welche sich in den im Boden wachsenden etiolirten Knospen finden, nur sind sie nicht dunkelgrün gefärbt, sondern hell gelblich.

Die Blätter bleiben in ihrer Grösse meist etwas zurück, ebenso die Zellen und Trophoplasten. In Fig. 82 ist eine Zelle dargestellt, welche aus derselben Region eines etiolirten, erwachsenen Blattes entnommen ist wie die in Fig. 3 abgebildete Zelle. Die Zeichnung ist bei hoher Einstellung auf die Aussenwand der Zelle ausgeführt, wo meist nur wenige Trophoplasten zu finden sind, während die Mehrzahl derselben gewöhnlich auf der Innenwand zu liegen scheinen. Die gelben Trophoplasten der Blattzellen führen auch Stärkekörner, die wohl sicher nicht als Assimilationsproducte der betreffenden Zellen anzusehen sind, eine Thatsache, welche für die physiologischen Anschauungen über die Trophoplasten nicht ohne Bedeutung ist, hier aber in dieser Richtung nicht weiter besprochen werden kann.

Es mag hier noch eine Angabe Dennecke's (1, p. 5) eingeschaltet sein, welche mit unserer Darstellung sehr gut stimmt und sich auf die grünen Trophoplasten der Stärkestrasse bezieht. Dennecke sagt: «Unmittelbar unter dem Vegetationspunkt in den Internodien, deren Zellen noch in Theilung begriffen sind, sieht man in denselben ein sehr reiches Protoplasma mit Primordialschlauch und Bändern, in beiden kleine zerstreute Chlorophyllkörper ohne jeden Stärkeinhalt. Oft erblickt man den Kern in Stadien, wo er sich anscheinend zur Theilung anschickt, und dabei die intacten und noch sehr kleinen Chlorophyllkörper überall im Protoplasma (*Pisum, Pereskia*). Hat die Zelltheilung entfernter vom Vegetationspunkte aufgehört, so findet man, wie die Chlorophyllkörper sich allmählich mit einem oder mehreren Stärkekörnern füllen.»

Völlig schwinden die Zweifel über das Verhalten der Trophoplasten bei der Theilung der Zellen, die sich vielleicht gegenüber unserer Auffassung auch noch in der Frage äussern könnten, ob nicht eine, wenn auch nur kurze Zeit während Auflösung der Trophoplasten bei der Theilung einträte (ein Vorgang der ja auch sonst [20, p. 133 und 1, p. 2] für möglich gehalten wurde], wenn man die Meristemzellen im Cambium grüner Stengel dicotyledoner Pflanzen untersucht.

Gut eignen sich zu dieser Untersuchung die Stengel von *Althaea officinalis*. Wendet man im Mai junge Stengel an, welche etwa 1 cm Dicke besitzen, und stellt sich zuerst einen Querschnitt davon her. so sieht man in den jüngsten Theilproducten derjenigen Cambiumpartie, in welcher die Initialzellen für die Markstrahlen liegen, die schön grünen Trophoplasten meist um den an einer Tangentialwand sitzenden Zellkern angehäuft oder in Plasmafäden schwimmend. Ihre Grösse nimmt sehr schnell in den successive älteren Zellen zu.

Auch auf Tangentialschnitten kann man die jungen Chlorophyllkörner in den Cambiumzellen sehr schön erkennen; doch weiss man hier natürlich nie sicher, welches Altersstadium der Cambiumzelle man vor sich hat.

Am vorzüglichsten eignen sich Radialschnitte zur Beobachtung, die man genau durch die Markstrahlen führt. An solchen Schnitten erkennt man klar und deutlich, dass auch in eben in Theilung begriffenen Zellen die Trophoplasten in geformtem Zustande vorhanden sind und in die Theilproducte der Zellen als geformte Organe übergehen.

Wenn wir auf die angeführten Thatsachen zurückblicken, so erscheint es wohl sicher, dass alle Zellen, welche Autoplasten enthalten, diese auch als geformte Organe aus ihren Mutterzellen übernommen haben; aber es wird nach allem, was wir in dieser Arbeit über die Trophoplasten erfahren haben, auch leicht verständlich sein, wenn wir annehmen, dass sich die Sache für die Anaplasten principiell gleich verhalten muss.

Ueberlegen wir uns nur, dass aus demselben Meristem eines Vegetationspunktes sowohl die grünen als die farblosen Zellen hervorgehen, dass also oft ganz gleichwerthige, von derselben Initialzelle stammende junge Trophoplasten bald zu Autoplasten bald zu Anaplasten werden, so erscheint die oben bezüglich der Entstehung der Anaplasten gemachte Annahme als nothwendig. In der That handelt es sich bei den Angaben Schimper's über die Entstehung der Anaplasten (3, p. 666; um ganz dieselben Fehler, die wir bei der Besprechung der Autoplasten hervorgehoben haben.

Schimper sagt: »In jungen Zellen der Epidermis des Stengels und des Blattstieles von *Philodendron grandifolium* (Fig. 14 und 15) sieht man den wandständigen, oder häufiger durch Plasmafäden im Zelllumen suspendirten Zellkern umgeben von ziemlich zahlreichen, mattglänzenden, kugeligen Körperchen, die dem Kernkörperchen ganz ähnlich aussehen. Die Entwickelungsgeschichte dieser Gebilde ist im wesentlichen folgende. Der Zellkern der jüngsten Zellen ist von einer Schicht sehr dichten Protoplasmas umgeben, welche anfangs überall gleich dick ist, später buckelig wird. Die zuerst halbkugeligen Proeminenzen runden sich an den soeben erwähnten Kugeln ab, während die dazwischen liegende Substanz die Eigenschaft gewöhnlichen Protoplasmas annimmt.

Dieser Vorgang ist wohl so aufzufassen, dass eine zuerst in dem den Zellkern umhüllenden Protoplasma gleichmässig vertheilte Substanz sich von demselben sondert und um gewisse Anziehungscentra ansammelt.«

Man kann sich an den Zellen der Epidermis von *Yucca filamentosa* bei genauer Untersuchung überzeugen, dass dort bei den Anaplasten dieselben Verhältnisse vorliegen wie bei den Autoplasten des Blattparenchyms. So lange die Anaplasten in dem dichten Protoplasma um den Zellkern eingebettet liegen, sind sie schwer zu finden, und man kann deshalb leicht zu der Ansicht verleitet werden, welche Schimper vertritt.

Ueber die Entstehung der Chromoplasten brauchen wir aus naheliegenden Gründen nicht zu reden.

Wenn wir uns so überzeugt haben, dass kein Grund vorliegt, der die Annahme einer Entstehung der Trophoplasten im Sinne Sachs' rechtfertigt, so fällt damit selbstverständlich auch die Frage nach dem Orte der Entstehung der Trophoplasten in den Zellen, welche bei Gris, Trécul, Sachs und Schimper sehr in den Vordergrund tritt, von selbst. Was diese Forscher den Ort der Entstehung der Trophoplasten nennen, ist in der That nur der Ort, an welchem die an keine bestimmte Lage in der Zelle gebundenen Trophoplasten sich befanden, als es den Beobachtern gelang, die letzteren zuerst als distincte, sich gegen das übrige Plasma abgrenzende Massen zu sehen.

Eine Möglichkeit der Gültigkeit der Sachs'schen und Schimper'schen Hypothese über die Entstehung der Trophoplasten scheint mir übrigens trotz unserer Untersuchung noch vorzuliegen. Es wäre möglich, dass eine -freie Entstehung- der Trophoplasten in den Eizellen der Angiospermen stattfände. Es müsste dann allerdings bei der Entstehung der Eizelle entweder kein Trophoplast mit in dieselbe übergehen, oder die übergehenden Trophoplasten müssten gelöst werden und neu entstehenden Platz machen.

Ich habe diese schwierige Frage nicht untersucht, weil ich glaube, dass man bei der Behandlung derselben besser von niederen chlorophyllhaltigen Gewächsen, bei denen diese Verhältnisse deutlicher sind, ausgeht und dann erst die Frage an die höheren Gewächse richtet.

Wir wollen, nachdem wir über das Entstehen der Trophoplasten im Klaren sind, nun zu der Frage nach dem Vergehen und nach der relativen Lebensdauer der Trophoplasten, also ihrer Lebensdauer bezogen auf die des Protoplasma, welches sie umgibt, übergehen.

Es handelt sich hier hauptsächlich um die farblosen Trophoplasten. Von den grünen und den andersgefärbten ist es ja bekannt, dass sie im Allgemeinen so lange leben wie das Protoplasma der Zelle, welcher sie angehören. Die absolute Lebensdauer der Autoplasten und Chromoplasten ist deshalb so verschieden wie die der verschiedenen Zellen.

Allerdings existiren Angaben in der Literatur, dass Autoplasten in lebenden Zellen gelöst und später wieder gebildet werden können; diese lassen sich aber alle auf fehlerhafte Beobachtung und falsche Deutung zurückführen.

Dahin gehört z. B. folgende Darstellung Deinecke's (I, p. 24).

»Bei *Sambucus nigra* fanden sich im Frühjahr in den Markstrahlzellen zarte und intacte Chlorophyllkörner. Gegen den Herbst war in den jüngsten Aesten von *Robinia*, *Quercus* u. a. die Stärke des Markes, der Markstrahlen und der Holzfasern alle in schwach gefärbten Chlorophyllhüllen eingeschlossen. Im Winter und besonders gegen Ende desselben waren letztere immer schwerer zu sehen *Viburnum, Sambucus, Ulmus*. Vielfach lagen sie zerbrochen neben den Stärkekörnern. Diese waren nicht selten hohl und in Auflösung begriffen. Weiter gegen das Frühjahr war in der Nähe der gebildeten Kätzchen (*Alnus, Corylus* die Stärke schon ganz verschwunden. Das Chlorophyll wurde dabei wieder deutlich sichtbar. Es schien aber zu zerfallen. Wo also die Stärke des Stammes im Frühjahr, wie bei *Sambucus*, alle verflüssigt wird, lässt sich der Vorgang der Stärkeablagerung vielleicht so charakterisiren: Im Frühjahr formt das Protoplasma in den stärkeleeren Zellen von Mark, Markstrahlen und Holzfasern Chlorophyllkörner aus, in welchen die von den Blättern erarbeitete Stärke im Sommer aufgenommen wird. Im Winter beginnt ein Zerfall der Chlorophyllhüllen, die Stärke liegt theilweise frei im Protoplasma und wird beim Wiederbeginn der Vegetation aufgelöst. Mit der Stärke verschwindet auch das Chlorophyll, um im Frühjahr durch neue Körper ersetzt zu werden.«

Der Vorgang ist aber hier in Wahrheit ein viel einfacherer als Deinecke meint, indem die grünen Trophoplasten der Markstrahlen bis zum Herbste Stärkekörner entwickeln, welche die Autoplasten dehnen und unter Bildung excentrischer Schichten aus ihnen herauswachsen. Wenn im Frühjahre die Stärkekörner gelöst werden, so contrahiren sich die Trophoplasten wieder und werden dadurch auch wieder deutlicher sichtbar. Es ist im Grunde genau derselbe Vorgang, wie er für die Stärkekörner erzeugenden Blattzellen schon im Jahre 1864 (Bot. Zeit. 1864, p. 293) von Sachs beobachtet und beschrieben worden ist, nur dass in den Autoplasten der Blätter die Lösung und Wiederbildung der Stärke gewöhnlich in kürzeren Perioden wechselt als in den Trophoplasten der Markzellen. Lösung und Wiederbildung von Trophoplasten findet weder in den Zellen der Blattlamina noch in den Zellen der Markstrahlen statt.

Eine Lösung der Autoplasten, wenigstens eine theilweise, tritt erst mit dem Tode der Zelle, wenn sich dieselbe beim Absterben im Zusammenhang mit ihrer Mutterpflanze befindet, ein. Dabei wird aber auch das Protoplasma und der Zellkern theilweise gelöst und zerstört. Ueber diese Zerstörungserscheinungen, welche Sachs allein sorgfältig an den Autoplasten absterbender Laubblätter untersucht hat '21, p. 193), habe ich keine Beobachtungen angestellt, eben so wenig wie über die der farblosen Trophoplasten, obgleich ihre fernere Verfolgung manchen Aufschluss über Bau und Chemismus der Trophoplasten zu liefern versprach, da mich diese Untersuchung jetzt zu weit geführt haben würde.

Während also keine ältere Angabe und keine meiner Beobachtungen gegen die Annahme spricht, dass die Autoplasten erst mit dem Tode des Plasma, dem sie angehören, zu Grunde gehen, stellt Schimper die Sache für die Anaplasten überall so dar, als würden diese stets gelöst, wenn die an ihnen wachsenden Stärkekörner eine bestimmte Grösse erreicht hätten.

So sagt Schimper z. B. von den stärkebildenden farblosen Trophoplasten seinen Stärkebildnern, der Wurzel von *Phajus grandifolius* ,3. p. 890, : »Das weitere Verhalten der Stärkebildner ist demjenigen der. bisher betrachteten gleich und besteht darin, dass sie weniger dicht und beständig werden, später auf etwas gequollenen Schleim reducirt werden und schliesslich verschwinden. Dasselbe behauptet er .3, p. 381) von den Anaplasten des Rhizoms von *Canna gigantea*. Es beruhen diese Angaben über das Verschwinden der Anaplasten nur auf einer ungenügend genauen Beobachtung der Thatsachen. In Wahrheit werden die farblosen ebenso wie die grünen Trophoplasten nur so von den stark wachsenden Stärkekörnern gedehnt, dass sie schwer zu erkennen sind. Man findet sie jedoch bei sorgfältiger Untersuchung auch im gedehnten Zustande und in den mit Stärke ganz angefüllten Zellen. leichter jedoch in Zellen, in denen die Stärkekörner in Lösung begriffen sind und überzeugt sich dann leicht, dass niemals eine Lösung oder ein wirkliches Verschwinden der farblosen Trophoplasten stattfindet.

Ich habe diese Thatsache schon in meiner vorläufigen Mittheilung »Ueber die Structur der Stärkekörner« in der Botanischen Zeitung (28) für die Anaplasten des *Iris*rhizoms angegeben und p. 36 d. A. für *Adoxa* und *Canna* erwähnt. In zweien dieser Fälle handelt es sich allerdings um Rhizome, deren Zellen sich mehrere Jahre hindurch abwechselnd mit Stärkekörnern füllen und sich wieder von diesen entleeren, und man könnte meinen, dass hier in dem Ueberlebtwerden der Stärkekörner durch die Trophoplasten eine besondere Anpassungserscheinung vorläge. Aber schon bei *Adoxa* zeigt es sich, dass diese Ansicht unberechtigt ist, noch deutlicher tritt dies aber bei Untersuchung der Knollen von *Orchis*arten hervor, welche sich nur einmal mit Stärke füllen, um dann nach der Lösung der letzteren abzusterben. Untersucht man z. B. die Knolle von *Orchis fusca* im Anfange des Mai. nach der Lösung der Stärkekörner, so findet man die wohl erhaltenen Anaplasten in grosser Anzahl und meist um den Zellkern angehäuft vor, wie es die Fig. 83 darstellt. Ebenso bleiben in stärkefreien Organen die Anaplasten so lange erhalten wie die Zelle lebt. In dem Rhizome von *Yucca filamentosa* z. B. findet man in den Zellen 5—8 Jahre alter Rhizomstücke die Anaplasten noch völlig intact.

So sind wir denn auch hier zu dem Ausspruche berechtigt, dass die Anaplasten erst dann zu Grunde gehen, wenn das ganze Plasma, in welchem diese Organe liegen, abstirbt. Autoplasten und Anaplasten haben danach eine gleiche relative Lebensdauer und deshalb auch eine ähnliche absolute.

Wir können nun die in diesem Capitel gewonnenen Resultate kurz in folgender Weise zusammenfassen. Die Trophoplasten sind in der Regel in jeder Meristemzelle angiospermer Pflanzen als geformte Organe vorhanden, welche bei der Theilung einer Zelle direct in die Tochterzellen übergehen, sich dort durch Theilung vermehren mit der Zelle entweder zu Anaplasten oder zu Autoplasten und Chromoplasten heranwachsen und in der Regel erst mit dem Tode der Zelle zu Grunde gehen.

Capitel VIII.

S c h l u s s.

Nach den in den vorhergehenden Capiteln mitgetheilten Untersuchungen wird es uns zum Schluss gestattet sein, etwa folgendes Bild von den bezüglich der Trophoplasten **in der Regel** vorliegenden Verhältnissen zu entwerfen, bei dessen Ausführung wir die Trophoplasten zugleich in Parallele mit dem Zellkern stellen wollen.

Zellkern und Trophoplasten sind die bisher bekannt gewordenen in jeder vegetativen Zelle der Angiospermen vorhandenen Organe, welche im Protoplasma eingebettet liegen und wahrscheinlich Apparate vorstellen, in denen sich wichtige physiologische Processe abspielen.

Zellkerne und Trophoplasten pflanzen sich höchst wahrscheinlich nur durch Theilung fort, nie ist ihre freie Entstehung beobachtet worden. Während der Zellkern schon in den Meristemzellen sehr gross ist, sind die Trophoplasten dort meist als sehr kleine, aber stets geformte Körper vorhanden, die am häufigsten farblos, selten gelblich oder grünlich erscheinen. Die Trophoplasten sind wie die Zellkerne an keine bestimmte Lage in der Zelle gebunden, sammeln sich aber häufig, vorzüglich in den Meristemzellen, um den Zellkern in grösserer Zahl an.

Bei der Theilung der Meristemzellen, bei welcher immer zugleich eine Theilung des Zellkernes stattfindet, wenn derselbe in der Einzahl vorhanden ist, gehen die stets in Mehrzahl in der Zelle der Angiospermen anwesenden Trophoplasten mit dem sich theilenden Plasma in die Tochterzellen über, ebenso wie es mit den Zellkernen geschieht, wenn sie zu mehreren in einer Zelle vorkommen. Die einfache Ueberlegung lehrt, dass bei reger Theilung der Meristemzellen schon dort zugleich eine Vermehrung der Trophoplasten stattfinden muss, da sie in denselben stets in einiger Anzahl enthalten sind. Nur in den allerjüngsten Stadien der Zellen haben wir den Vorgang der Vermehrung nicht direct beobachtet; aber schon bei sehr jungen Trophoplasten liess es sich erkennen, dass die Vermehrung durch Theilung der Trophoplasten erreicht wird. Bei den Autoplasten, deren Theilungsprocess am leichtesten zu beobachten und am besten untersucht ist, scheint es völlig sicher, dass eine Vermehrung derselben nur durch Theilung erfolgt.

Der Theilung der Trophoplasten geht meist eine Einschnürung derselben voraus, wie man sie auch häufig an Zellkernen beobachtet, die zu mehreren in einer Zelle vorkommen; es scheinen bei dieser Abschnürung zugleich eigenthümliche Vertheilungen und Anordnungen der Stoffe, welche die Trophoplasten zusammensetzen, stattzufinden, die an die Vorgänge bei der normalen Kerntheilung erinnern.

Es sei hier übrigens gestattet darauf hinzuweisen, dass bei Moosen und Algen Fälle vorkommen, in welchen zu wenigen in den Zellen vorhandene Autoplasten darin die Rolle mit den Zellkernen zu tauschen scheinen, dass sie als Centren der Protoplasmatheilung auftreten. Man sehe z. B. die Darstellung bei STRASBURGER '70, p. 161'.

Wie sich die kleinen Trophoplasten der Angiospermen-Meristemzellen bei der Theilung der Zellen lagern und verhalten, ist noch nicht näher untersucht.

Je nach dem morphologischen Werthe und der physiologischen und biologischen Function, welche die aus dem Meristem hervorgehenden Zellen im Laufe der Entwickelung erhalten, bilden sich die morphologisch gleichwerthigen, kleinen Trophoplasten der Meristemzellen gleichzeitig mit dem Wachsthum des Protoplasmakörpers in verschiedener Weise aus, eine Thatsache, welche, da die Zellkerne in allen Zellformen gleichwerthig zu sein scheinen, einen charakteristischen Unterschied zwischen Zellkern und Trophoplast bedingt.

Der junge Trophoplast kann sich nach drei verschiedenen Richtungen entwickeln; er kann zu einem Autoplasten, einem Anaplasten oder einem Chromoplasten werden, drei Ausbildungsformen der Trophoplasten, welche sich schon äusserlich durch ihre Färbung unterscheiden. Nur unter günstigen Verhältnissen erfolgt aber die Ausbildung zu einer der drei Entwickelungsformen in typischer, vollkommner Weise. Sehr häufig sind Uebergangsformen zwischen den drei Typen, und in manchen Fällen findet nur eine sehr unbedeutende Weiterentwickelung der kleinen Trophoplasten der Meristemzellen statt.

Im Falle der Ausbildung der Trophoplastenanlage zu einem typischen Autoplasten entwickelt sich das Grundgerüste sehr substanzreich und in dem Grundgerüste in ebenfalls reichlicher Menge das Chlorophyll.

Entsteht ein typischer Chromoplast aus der Anlage, so bildet sich nur ein substanzarmes Gerüste und dieses kann sogar längere Zeit vor dem Absterben der Zelle theilweise resorbirt werden, während das Xanthophyll, welches in seinen verschiedenen Modificationen vielleicht ein Derivat des Chlorophylls ist, in grösserer Menge in dem Chromoplasten erzeugt wird und bei der Zerstörung des Gerüstes erhalten bleibt.

Auch bei Ausbildung des jungen Trophoplasten zu einem Anaplasten wird das Grundgerüste wenig entwickelt und es treten in demselben ihrer Natur nach noch fast gänzlich unbekannte Stoffe in grösserer oder geringerer Menge auf. Die verschiedenen Stoffe können in das Gerüste der Trophoplasten in mehr oder weniger feinen Körnern eingelagert sein, und diese Körner können ähnlich wie bei den Zellkernen zu verschiedenen Perioden des Lebens der Zelle verschieden gross und auffallend sein.

Typische Anaplasten völlig erwachsener Zellen können sich unter gewissen Bedingungen in Autoplasten verwandeln, wie überhaupt die Trophoplasten in manchen Fällen bei normaler Entwickelung eine Zeit lang farblos bleiben, ehe sie sich zu typischen Autoplasten ausbilden. Ob sich typisch entwickelte Autoplasten zu Anaplasten umgestalten können, ist nicht bekannt; ebenso ist nicht bekannt, ob Chromoplasten zu Anaplasten und Autoplasten werden können.

Trophoplasten, die in Zellen enthalten sind, welche schliesslich die ersteren zu Chromoplasten entwickeln, machen gewöhnlich alle drei Arten der Trophoplastenentwickelung durch, d. h. sie sind zuerst farblos, dann entwickeln sie Chlorophyll, werden oft zu typischen Autoplasten, und schliesslich unter Verschwinden des Chlorophyll und Erscheinen des Xanthophyll zu typischen Chromoplasten. In manchen Fällen kann jedoch das Anaplasten- und Chromoplastenstadium nur angedeutet werden, oder eins oder beide können völlig übersprungen werden, so dass einmal ein farbloser Trophoplast sich direct zu einem Chromoplasten entwickelt, das andere Mal der Trophoplast von vorn herein gelb oder orange gefärbt erscheint, also von Jugend auf einen Chromoplasten vorstellt.

Anaplasten, Autoplasten und Chromoplasten können im allgemeinen Stärkekörner einschliessen oder es können solche an ihnen wachsen; dass Zellkerne hie und da Stärkekörner enthalten können wird angegeben, scheint mir aber näherer Untersuchung bedürftig. Manche Anaplasten, Autoplasten oder Chromoplasten führen in keinem Stadium ihrer Entwickelung Stärkekörner; die meisten Trophoplasten bilden Stärke nur in einer bestimmten Periode ihrer Existenz.

Auch Krystalloide können sowohl in als an den Anaplasten und Autoplasten wachsen; für Chromoplasten sind Krystalloide noch nicht bekannt, während krystalloidführende Zellkerne vorkommen.

Wie die Zellkerne in der Regel erst mit dem Tode des ganzen Plasma zu

Grunde gehen und dabei meist ein mehr oder weniger deutlicher, substanzarm scheinender Rest des Zellkerns zurückbleibt, so gehen auch die Trophoplasten zu Grunde, wenn die Zelle abstirbt, und es bleibt in der todten Zelle noch ein Rest von ihnen zurück. Während des Lebens der Zelle findet eine völlige Auflösung der Trophoplasten nie statt. Nur für einen Fall scheint es von vorn herein fraglich, ob nicht eine mehr oder weniger weitgehende Vertheilung der Substanzen der Trophoplasten im Plasma stattfindet. nämlich bei der Ausbildung der Eizellen und Pollenzellen; doch liegen über diese Fälle noch keine Untersuchungen vor.

Ueber die Erscheinungen des Absterbens der Anaplasten, Autoplasten und Chromoplasten ist noch wenig bekannt. Nur über Autoplasten und Chromoplasten sind einige Untersuchungen angestellt. Die Chromoplasten zeichnen sich dadurch aus, dass ihr Xanthophyll beim Absterben der Zellen zurückbleibt, theilweise in Krystallform übergeht oder auch in regelmässigen Körnern liegen bleibt, die bis zuletzt eine intensive Färbung der Mutterzellen bedingen.

Wir haben hier überall nur die Trophoplasten der Angiospermen den Beobachtungen zu Grunde gelegt, und unsere Anschauungen stützen sich nur auf Thatsachen, welche dem Bereiche der höheren Gewächse entnommen sind. Wie sich aber bei den Zellkernen der niederen Gewächse manche für die Anschauung über das Wesen der Zellkerne wichtige Thatsache gefunden hat, so liegt voraussichtlich auch in der Untersuchung der Trophoplasten der letzteren Organismen, welche eine viel weiter gehende Differenzirung zu besitzen scheinen als die Trophoplasten der Angiospermen, ein wichtiges Mittel, um für unsere Ansichten bezüglich der Trophoplasten im allgemeinen neue Gesichtspunkte und neues Licht zu gewinnen. Obgleich ich mir der eingreifenden Wichtigkeit der eben besprochenen Verhältnisse wohl bewusst war, habe ich dennoch meine Untersuchungen nur auf die Angiospermen ausgedehnt, weil schon hier die Arbeit so reichlich vorlag, dass ich mich an sehr vielen Stellen an der Oberfläche bewegen musste, wo ich gern zu grösserer Tiefe vorgedrungen wäre. Dieser grosse Umfang meiner Aufgabe möge mich entschuldigen, wenn ich an mancher Stelle in der Deutung der Thatsachen geirrt, wenn ich an mancher Stelle vielleicht zu schnell generalisirt habe.

Verzeichniss der benutzten Abhandlungen.

Die eingeklammerten Zahlen im Texte der Abhandlung beziehen sich auf die Nummern dieses Verzeichnisses
Wo im Texte »p. d. A.« steht, bezieht sich die Angabe auf die Seitenzahl der Abhandlung.

1. C. Dehnecke, Ueber nicht assimilirende Chlorophyllkörner. Dissertation, Bonn 1880.
2. Crüger, Botanische Zeitung 1854, p. 41—50.
3. Schimper, Botanische Zeitung 1880, No. 52.
4. Pfeffer, Pringsheims Jahrbücher für wissenschaftliche Botanik 1872, 8. Bd., p. 429—571.
5. Nägeli und Cramer, Pflanzenphysiologische Untersuchungen 2. Heft 1855.
6. Stöhr, Sitzungsberichte d. k. Akademie der Wissenschaften zu Wien 1879, 79. Bd., I. Abth. Februarheft.
7. Batalin, Botanische Zeitung 1874, p. 434.
8. Askenasy, Botanische Zeitung 1875, p. 460.
9. Wiesner, Festschrift der Zoolog. Botanisch. Gesellschaft in Wien 1876, p. 21—49.
10. Prinsheim, Pringsheims Jahrbücher für wissenschaftliche Botanik 1881, 12. Bd., 3. Heft.
11. Drude, Biologie von Monotropa Hypopitys ectr., Göttingen 1873.
12. Hildebrand, Pringsheims Jahrbücher für wissenschaftliche Botanik 1861. 3. Bd., p. 59—76.
13. Trécul, Annales des sciences naturelles 1855, 4. Série, Tome X, p. 20— 74 und 127—362.
14. Wiesner, Pringsheims Jahrbücher für wissenschaftliche Botanik. 1572, 8. Bd., p. 575—594.
15. Kraus, Pringsheims Jahrbücher für wissenschaftliche Botanik, 1872, 8. Bd., p. 131.
16. Hofmeister. Die Lehre von der Pflanzenzelle, 1867.
17. Hugo von Mohl, Vermischte Schriften botanischen Inhalts, Tübingen 1845, p. 349.
18. Wilhelm Michler, Dissertation 1837 (Tübingen, unter Mohl's Präsidium).
19. Hugo von Mohl, Botanische Zeitung 1855, p. 89.
20. Julius Sachs, Flora 1862, No. 9, 11 und 14.
21. Julius Sachs, Flora 1863, No. 13 und 14.
22. C. Frommann, Beobachtungen über Structur u. Bewegungseruch. des Protoplasma der Pflanze, Jena 1880.
23. Julius Sachs, Handbuch der Experimental-Physiologie der Pflanzen, Leipzig 1865.
24. N. Pringsheim, Untersuchungen über Lichtwirkung u. Chlorophyllfunction in der Pflanze, Leipzig 1881.
25. Hansen, Geschichte der Assimilation und Chlorophyllfunction, Leipzig 1882.
26. A. B. Frank, Sitzungsbericht des botanisch. Vereins der Prov. Brandenburg, Sitzung vom 24. Febr. 1882, p. 11.
27. Böhm, Sitzungsberichte d. k. Akademie der Wissenschaften zu Wien 1856. 22. Bd., p. 479.
28. Arthur Meyer, Botanische Zeitung 1881, No. 51 und 52.
29. Arthur Meyer, Archiv der Pharmacie XVII. Bd., 2. Heft, p. 112 (1880).
30. E. Stahl, Ueber den Einfluss von Richtung und Stärke der Beleuchtung auf einige Bewegungserscheinungen im Pflanzenreiche. Botanische Zeitung 1880, No. 18.
31. Carl Nägeli, Zeitschrift für wissenschaftliche Botanik von M. J. Schleiden und Carl Nägeli 1846. Blasenförmige Gebilde im Inhalte der Pflanzenzelle.
32. Carl Minoscu, Sitzungsberichte der k. Akademie der Wissenschaften 1. Abth. Juli-Heft 1878. Wien. Separatabzug.

33. Hofmeister, Keimung, Entfaltung und Fruchtbildung höherer Cryptogamen, 1851, p. 65. 3, 4, 10 Anmerkung.
34. Sanio, Ueber endogene Geflssbündelbildung. Bot. Zeitung 1864. No. 27, p. 193.
35. J. Milde, Nova Acta Academiae Leopoldinae Carolinae Naturae curiosorum XXIII, P. II. p. 624.
36. Wigand, Botanische Untersuchungen 1854. Keimungsgeschichte der Farne, p. 37.
37. Knt, Sitzungsberichte der Gesellschaft naturforschender Freunde zu Berlin 1871. (Botanische Zeitung 1872, p. 14].
38. Carl Mikosch, Oesterreich. botanische Zeitschrift, 1877. No. 2. Separatabzug.
39. Carl Sanio, Untersuchungen über die im Winter Stärke führenden Zellen des Holzkörpers dicotyler Holzgewächse, Halle 1858.
40. Giovanni Briosi, Botanische Zeitung 1873, No. 20, p. 305.
41. Canpary, Pringsheims Jahrbücher für wissenschaftliche Botanik 1855, 1. Bd., p. 377.
42. Julius Sachs, Lotos, Zeitschrift für Naturwissenschaften, Prag 1859.
43. Arthur Gris, Annales des Sciences naturelles, IV. Série, Tome VII. 1857, p. 179—219.
44. Adolf Weiss, Sitzungsberichte der k. Akademie der Wissenschaften zu Wien 1866, 54. Bd., p. 157.
45. Adolf Weiss, Sitzungsberichte der k. Akademie der Wissenschaften zu Wien 1864, 49. Bd.
46. Böhm, Sitzungsberichte der k. Akademie der Wissenschaften zu Wien 1851, 1. Heft, p. 19.
47. Ch. Flahault, Bulletin de la Société botanique de France 1879, Bd. 26, p. 249.
48. N. Pringsheim, Pringsheims Jahrbücher für wissensch. Botanik 1882, XIII. Bd., 3. Heft. Ueber Chlorophyllfunction und Lichtwirkung in der Pflanze, offenes Schreiben zur Abwehr; Separatabzug.
49. J. Wiesner, Botanisches Centralblatt 1882, No. 20. Bemerkungen über die Natur des Hypochlorins. Separatabzug.
50. Julius Sachs, Lehrbuch der Botanik 4. Auflage, 1874.
51. Julius Sachs, Botanische Zeitung 1865, p. 117, 125, 133.
52. Ch. Flahault, Bulletin de la Société botanique de France 1879. Bd. 26, p. 268.
53. Giovanni Briosi, Botanische Zeitung 1873, No. 34 und 35.
54. Dr, Emil Godlewski, Flora 1877, p. 215.
55. H. G. Holle, Flora 1877, p. 113.
56. Arthur Meyer, Botanische Zeitung 1882, No. 32, p. 259.
57. F. Hoppe-Seyler, Zeitschrift für physiologische Chemie, Bd. III, Heft 5. Auch Botanische Zeitung 1879, p. 815.
58. F. Hoppe-Seyler, Zeitschrift für physiologische Chemie, Bd. IV, p. 193 (1880].
59. F. Hoppe-Seyler, Zeitschrift für physiologische Chemie, Bd. V, p. 73 (1881).
60. V. A. Poulsen, Botanische Mikrochemie, Cassel 1881.
61. B. Frank, Pringsheims Jahrbücher für wissenschaftliche Botanik 1872, 8. Bd. Ueber die Veränderung der Lage der Chlorophyllkörner und des Protoplasmas in der Zelle u. s. w.
62. Arthur Meyer, Archiv der Pharmacie 220. Bds. 2. Heft. 1882. Beiträge zur Kenntniss pharmaceutisch wichtiger Gewächse IV. Separatabzug.
63. De Bary, Vergleichende Anatomie der Vegetationsorgane der Phanerogamen und Farne, Leipzig 1877.
64. G. Haberlandt, Botanische Zeitung 1877, No. 23, p. 361.
65. Wiesner, Oesterreich. botanische Zeitschrift 1877, No. 1, p. 7—11.
66. Schimper, Botanische Zeitung 1881, No. 12, 13 und 14.
67. Julius Sachs, Botanische Zeitung 1862, p. 360.
68. Frank, Botanische Zeitung 1869. No. 45, p. 825.
69. Micheli, Quelques observations sur la matière colorante de la chlorophylle. Archives des sciences de la Bibliothèque universelle de Genève, T. 29, 1867, No. 113, p. 26.
70. Ed. Strasburger, Zellbildung und Zelltheilung, Jena 1880.
71. August Husemann, Ueber Carotin und Hydrocarotin, zwei der Wurzel der cultivirten Daucus Carota eigenthüml. org. Körper; Dissertation, Göttingen 1860.

Beschreibung der Figuren.

Alle Figuren sind bei 1100facher Vergrösserung gezeichnet.

Figur

1. Trophoplasten von *Echeveria floribunda hort.*; *a* Autoplast aus dem Blattparenchym, *b* Anaplast aus den Epidermiszellen (= Zellkern), *c* Chromoplasten aus den Blüthenblättern, *d* Autoplast aus dem Stamme, *e* Anaplast aus dem farblosen Stammtheile.

2. Partie aus dem Zellinhalte der reifen Cotyledonen von *Soja hispida*. Präparat mit Iod gefärbt und in Glycerin eingetragen. *C* Cellulosewand, *p* Protoplasma, *s* Stärkekörner mit dem sie umschliessenden Anaplasten, *P* Hüllen der Proteinkörner.

3. Chromoplasten aus der Blüthe von *Strelitzia Reginae*, *a* und *c* junge Trophoplasten aus der Basis eines schon gelben Blüthenblattes, *b* und *d* Trophoplasten aus dem oberen Theile desselben Blattes, *e* erwachsene Chromoplasten.

4. *a* Chlorophyllankrystalle, durch kalten Eisessig erhalten; *b* ein ausserhalb der Zelle gewachsener Krystall.

5. Zelle aus dem Blattparenchym von *Iris germanica* nach 24stündiger Behandlung mit Salzsäure (1 Salzsäure + 4 Wasser), *c* Chlorophyllankrystalle, *g* grüne Tropfen.

6. *k* Chlorophyllankrystall aus kaltem Eisessig, *o* Rest (kleiner Tropfen), welcher nach Behandlung des Krystalls mit Chlorallösung blieb.

7. Chlorophyllankrystall aus heissem Eisessig, an einer Zellwand sitzend.

8. Rest eines Chlorophyllankrystalls aus kaltem Eisessig, nach Behandlung des ersteren mit Bromwasser.

9. Rest eines mit Quecksilberchlorid gehärteten und mit Aether extrahirten Chlorophyllankrystalls (HOPPE-SEYLER's Präparat).

10. Autoplast aus der Knolle von *Acanthophippium* (1. April 1662), *K* Krystalloid, *S* Stärkekorn, *P* Granum.

11. Wirkung des Wassers auf einige Grana des Autoplasten von *Acanthophippium*; *a*, *b*, *c* successive Stadien der Wasserwirkung. Bei *b* und *c* dient der Autoplastenpartie ein Stück eines Stärkekornes als Unterlage. Bei tiefer Einstellung gezeichnet.

12. Wirkung der Chlorallösung auf die Grana des Autoplasten von *Acanthophippium*. Bei hoher Einstellung gezeichnet.

13. Gerüste eines Autoplasten der Knolle von *Acanthophippium*, durch Extraction des Autoplasten mittels Alkohol erhalten.

14. Intacte Autoplasten aus dem Blattparenchym von *Acanthophippium*. Hohe Einstellung.

15. Durch Einwirkung von Wasser veränderter Autoplast aus dem Blattparenchym von *Acanthophippium*. Hohe Einstellung.

16. Stärkefreie Autoplasten aus dem Blattparenchym von *Vallisneria spiralis*, *a* bei tiefer, *b* bei hoher Einstellung gezeichnet.

17. Autoplast aus dem Blattparenchym von *Iris germanica* durch Wasserwirkung homogen geworden, der Stärkeeinschluss durch sehr dünnes Iodwasser roth gefärbt.

18. Autoplast des Blattparenchyms von *Adoxa moschatellina* aus mit Wasser behandelten Zellen, bei hoher Einstellung gezeichnet; *a* vacuoliger Autoplast, *b* homogen gewordener Autoplast, an *c* sieht man eine Vacuole, welche mit stark lichtbrechender Flüssigkeit gefüllt ist, auftreten.

Figur

19a. Ein Autoplast aus dem Blattparenchym von *Bromelia Ananas*, durch Einwirkung des Wassers gedehnt und homogen geworden, bei hoher Einstellung gezeichnet. Der grosse Einschluss ist Stärke; die kleinen Körner sind sogenannte Oeltröpfchen.

19b—27. Trophoplasten aus den Zellen von *Yucca filamentosa*.

19b. Autoplast aus der äussersten Parenchymschicht des Blattes.

20. Autoplast und Zellkern aus dem noch grünen Theile der Blattbasis.

21. Trophoplasten und Zellkern aus dem Parenchym des weissen Theiles der Blattbasis.

22. Trophoplasten und Zellkern aus einer Epidermiszelle dieser Blattpartie.

23. Trophoplasten mit Stärkeeinschlüssen aus der Stärkescheide, der farblosen Basis entnommen.

24. Epidermiszelle der Blattoberseite mit Zellkern und Anaplasten.

25. Trophoplast aus der Epidermis der Oberseite der Blattbasis.

26. Anaplasten aus dem Parenchym des Rhizoms.

27. Anaplasten und Zellkern des Rhizoms, mit Salzsäure behandelt.

28. Trophoplasten aus den Zellen von *Iris germanica*.

28. *a* Anaplast aus dem *Irisrhizome* (aus einem ausgehungerten Rhizomstücke : *b* Anaplast des Rhizomes mit Chloral behandelt, im ersten Stadium der Einwirkung; *c* Gerüste, welches nach dem Behandeln des Anaplasten mit Alkohol bleibt.

29. Mit verdünnter Salzsäure behandelte Anaplasten.

30. Anaplasten, welche zuerst mit Ueberosmiumsäure gefärbt, dann mit absolutem Alkohol extrahirt wurden.

31. *a* Anaplast aus einer Schliesszelle der Spaltöffnung, *b* aus der Epidermis, *c* Trophoplast aus dem Scheidenparenchym der Blätter.

32. *b* Gerüste eines Anaplasten von *Iris germanica*; *a* dasselbe mit Chloral behandelt.

33. Anaplasten und Zellkern von *Iris pseudacorus*, aus dem Parenchym des Rhizoms.

34. Anaplasten aus dem Parenchym der farblosen Schuppen des Rhizoms von *Acorus moschatellina*.

35. Anaplasten und Zellkern aus den Parenchymzellen des Rhizoms von *Inula Helenium*.

36. Anaplasten und Zellkern aus dem Parenchym der Knolle von *Dahlia variabilis*.

37. Anaplasten und Zellkern aus einer Parenchymzelle der Rübe von *Beta vulgaris*.

38—43. Trophoplasten aus den Zellen von *Phajus grandifolius*.

38. Autoplasten aus einem jungen Laubblatte. *a* aus der Epidermis, *b* aus dem Parenchym;

39. Aus dem Parenchym eines Schuppenblattes des Blüthenstammes.

40. Trophoplasten und Zellkern aus der Epidermis der Oberseite des Laubblattes.

41. Trophoplasten und Zellkern aus der farblosen Epidermis der Knolle, *c* Trophoplast, *s* Krystalloid ; *c* Trophoplast nach Behandlung mit Wasser, *r* Vacuole von dem gelösten Krystalloid herrührend.

42. Aus Anaplasten hervorgegangene Autoplasten aus der Knolle, mit Krystalloiden und Stärkekörnern. *a* intact, *b* durch Wasser verändert.

43. Halb zerstörter Autoplast aus einem gelben Laubblatte.

44. Aus einem Anaplast hervorgegangener Autoplast aus der Knolle von *Acanthophippium sihletense*. Durch Wasserwirkung ist das Krystalloid gelöst und eine stark lichtbrechende Vacuole ist neben dem Autoplasten entstanden. Bei hoher Einstellung gezeichnet.

45—52. Trophoplasten von *Tropaeolum Lobbianum*.

45. *a* Grösse und Färbung eines Autoplasten des Laubblattes, *b* Autoplast aus dem Parenchym des Blattstieles. *s* Stärke, *g* Granum.

46. Trophoplast mit Stärkeeinschluss aus dem Parenchym des Corollenblattes einer 1 Centimeter grossen Blüthe.

47. Trophoplasten aus dem Kelchblatte einer 1 Centimeter grossen Blüthe. *a* aus einer Epidermiszelle, *b* aus einer subepidermalen Zelle, *c* aus einer centraler liegenden Parenchymzelle.

Fear

46. Trophoplasten aus einem Kelchblatte einer 1 Centimeter grossen Blüthe, *a* aus der Epidermis, *b* aus dem Parenchym der Blattbasis, *c* aus dem Parenchym der Spitze.

49. Chromoplasten aus der Epidermis des Kelchblattes einer im Aufblühen begriffenen Blüthe.

50. Chromoplasten aus dem Parenchym desselben Kelchblattes, welches noch eine auffallend regelmässige Structur zeigt.

51. Chromoplasten aus dem Parenchym des Kelchblattes einer Blüthe, deren Antheren schon geöffnet sind.

52. Chromoplasten aus der Epidermis eines Corollenblattes einer völlig aufgeblühten Blüthe, *a* intact, *b* durch Wasser verändert.

53. *a* Krystalle von Xanthophyll aus den Chromoplasten von *Tropaeolum minus* durch Behandlung derselben mit einem Gemische von 1 Theile Eisessig und 1 Theile Chloroform hergestellt; *b* durch ein Gemisch von 2 Theilen Eisessig und 1 Theile Chloroform erhaltene Krystalle von Xanthophyll.

54. *a* Chromoplast von *Tropaeolum minus* mit Alkohol behandelt, *b* dieselbe mit einem Gemische von Chloroform und Eisessig vom Farbstoffe befreit; *c* der Rest eines mit Chloroform und Eisessig behandelten, einen Stärkeeinschluss enthaltenden Chromoplasten; *d* Rest eines spindelförmigen Chromoplasten nach Behandlung desselben mit Eisessig und Chloroform.

55. *Canna gigantea*: Anaplasten aus dem Rhizome einer durch Lichtentziehung ausgehungerten Pflanze. *a* und *a'* abgerundete Anaplasten, *b* Anaplast wie er nach der Lösung eines grossen Stärkekornes, welches an ihm wuchs, im Plasma liegt, ehe er sich wieder abgerundet hat; *c* Zellkern, *k* Krystalloid.

56. Nadelförmige Krystalle, aus dem Farbstoffe der Chromoplasten von *Sorbus aucuparia*, in den Zellen des Fruchtfleisches ganz reifer Früchte entstanden.

57. Krystalle des Farbstoffes aus den Chromoplasten des Fruchtfleisches einer überreifen Beere von *Lonicera Xylosteum*.

58. Farbstoffgebilde aus dem Parenchym der secundären Rinde der Wurzel von *Daucus Carota*.

59. Chromoplasten der Zungenblüthenepidermis einer absterbenden Blüthe von *Gazania splendens*.

60. *a* Querschnitt durch eine Palissadenzelle aus der obersten Zellreihe des Blattes von *Potamogeton natans*, nach Einwirkung von diffusem Lichte. *b* Ein Querschnitt einer gleichen Zelle, welche vorher besonnt war. *c* Flächenansicht der Palissadenzellen des Tabaks nach der Einwirkung von diffusem Lichte. *d* Flächenansicht der Palissadenzellen des Tabaks nach der Insolation.

61—64. Trophoplasten aus den Zellen von *Symphytum officinale*.

61. Autoplasten aus dem Blattparenchym.

62. *a* Stärkekörner aus der Wurzel, umgeben von ihren nicht direct sichtbaren Anaplasten. *b* die Anaplasten dieser Stärkekörner nach Behandlung derselben mit concentrirter Schwefelsäure.

63. Anaplasten mit in Lösung begriffenen Stärkekörnern aus dem Metaderma.

64. Anaplasten aus dem Metaderma mit Stärkeeinschlüssen, *a* intact, *b* mit Schwefelsäure behandelt.

65—66. Trophoplasten aus den Zellen von *Menyanthes trifoliata*.

65. *a* Trophoplasten aus einer farblosen Wurzel, *b* im Ergrünen begriffene Trophoplasten der Wurzel.

66. *a* Ergrünte Trophoplasten aus der Mitte des Wurzelparenchyms, *b* ergrünte Trophoplasten aus der hypodermalen Zellschicht.

67. Trophoplasten aus den Zellen junger Sprosse von *Clematis viticella*.

67. *a* Trophoplast aus dem Rindenparenchym, *b* aus einer sclerotischen Faser, *c* aus dem Marke, *d* Trophoplast mit Stärkeeinschlüssen, aus einer Siebröhre.

68—70. Trophoplasten aus den Zellen junger Triebe von *Vitis vinifera*.

68. Zellkern und Anaplast aus einer Holzfaser.

69. Zellkern und Trophoplasten aus einer verholzten Markstrahlenzelle.

70. Zellkern und Trophoplasten in einer verholzten Faserzelle der Rinde.

71. Siebröhre aus einem etiolirten Stengel von *Helianthus tuberosus*, mit stärkeführenden Trophoplasten.

Figur

72—77. Aus dem Blattgewebe von *Allium Cepa*.

72. Schema (120fache Vergrösserung) eines Längsschnittes *a*) und Querschnittes *b*) durch den hellgrünen Theil der Basis eines 2 dm langen, jungen massiven Blattes; die weitere Erklärung sehe man im Texte nach.

73. Palissadenzelle, 1 Centimeter über der Scheide des jungen Blattes entnommen.

74. Palissadenzelle, 4 Centimeter über der Scheide des jungen Blattes entnommen.

75. Zelle aus der Region *c* des Schema (Fig. 72), aus der gelblichen Basis des obigen Blattes.

76. Zellkern und Trophoplasten aus einer Zelle des centralen farblosen Parenchyms des jungen Blattes.

77. Autoplasten aus dem erwachsenen Palissadenparenchym eines jungen Blattes.

78—82. Parenchymzellen und Meristemzellen aus dem Vegetationspunkte und aus der Oberseite der Blätter von *Elodea Canadensis*.

78. Meristemzelle aus dem Dermatogen des Vegetationspunktes oberhalb der ersten sichtbaren Blattanlage.

79. Zelle aus der meristematischen Basis eines 1 mm langen Blattes, *a* bei hoher Einstellung, *b* bei tiefer.

80. Dritte Zelle unterhalb der Spitze eines 1 mm langen Blattes, aus der Mittellinie der einen Blatthälfte.

81. Zelle aus der Mitte der einen Blatthälfte eines erwachsenen Blattes, bei hoher Einstellung gezeichnet.

82. Zelle aus der Mitte der einen Blatthälfte eines erwachsenen Blattes aus einer etiolirten Knospe, bei hoher Einstellung gezeichnet.

83. Amyloplasten aus einer ausgesogenen Knolle von *Orchis fusca*.

Druck von Breitkopf & Härtel in Leipzig

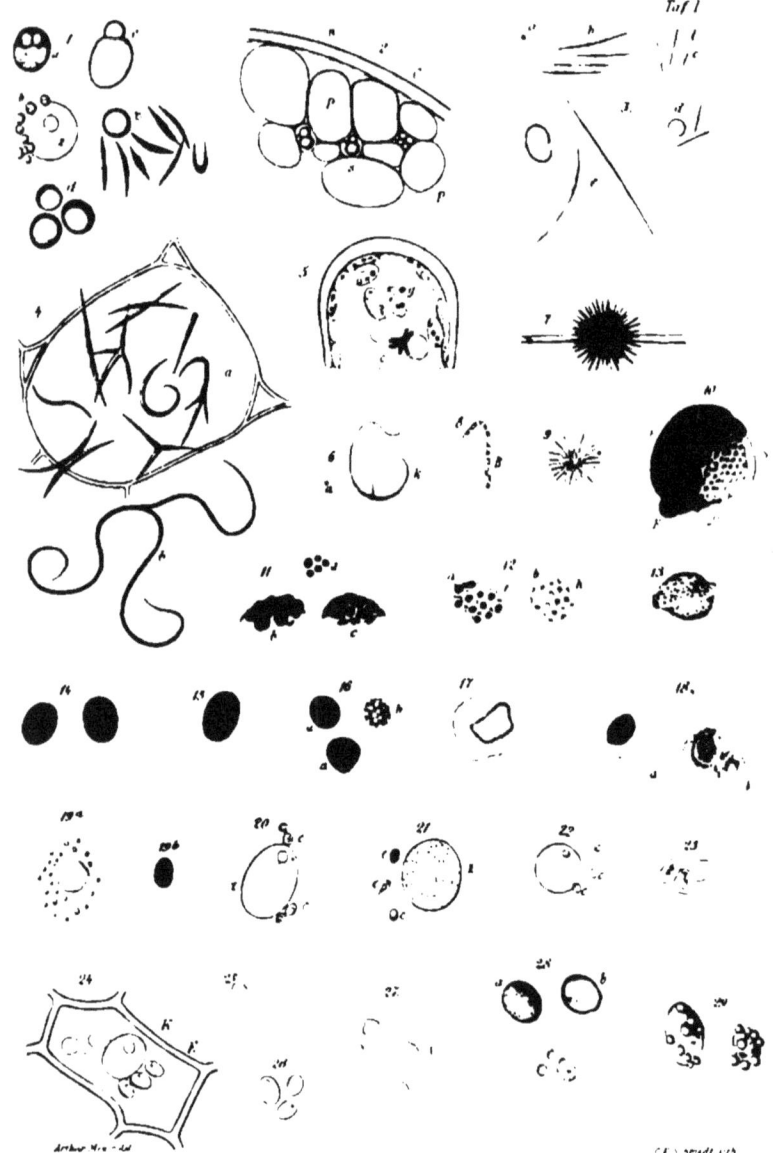

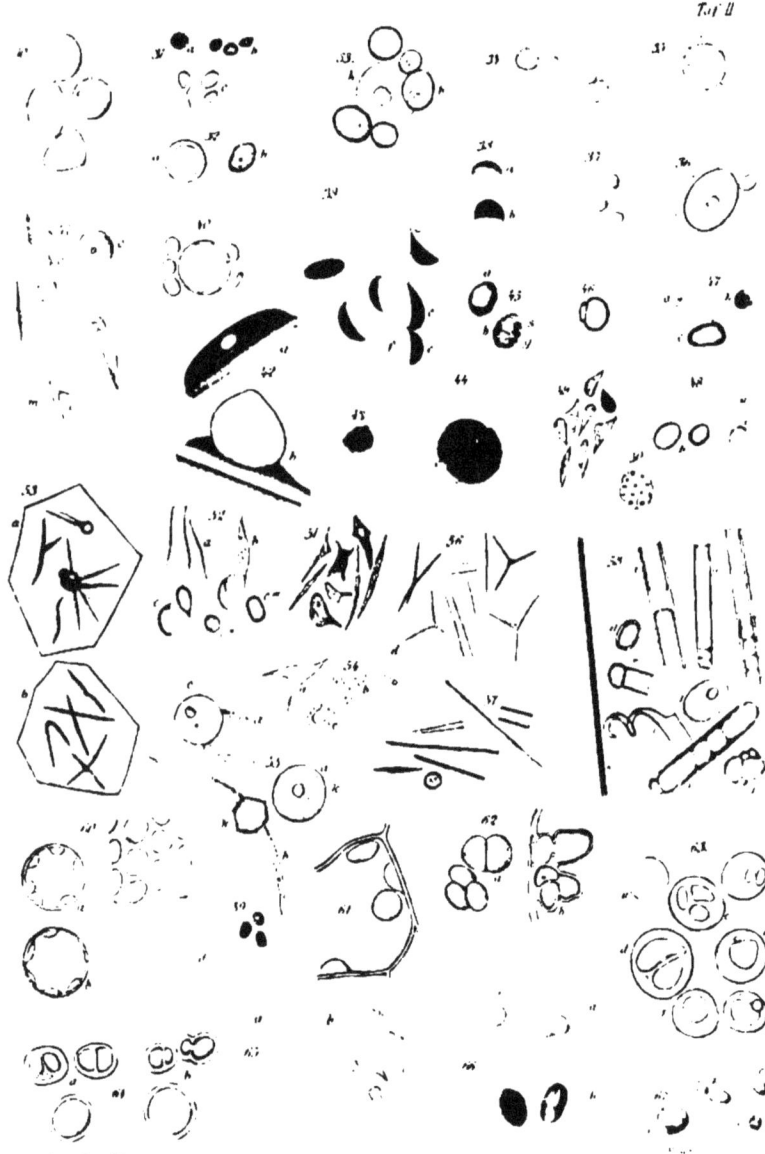

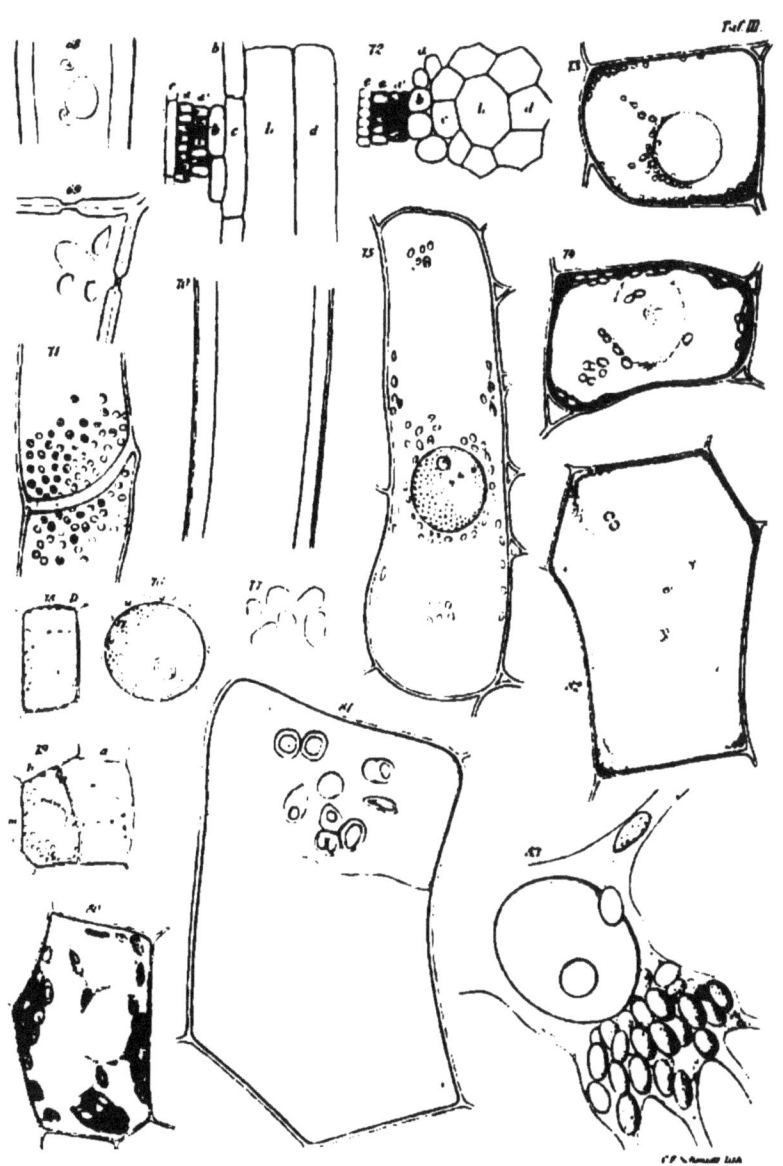

Druck von Breitkopf & Härtel in Leipzig.

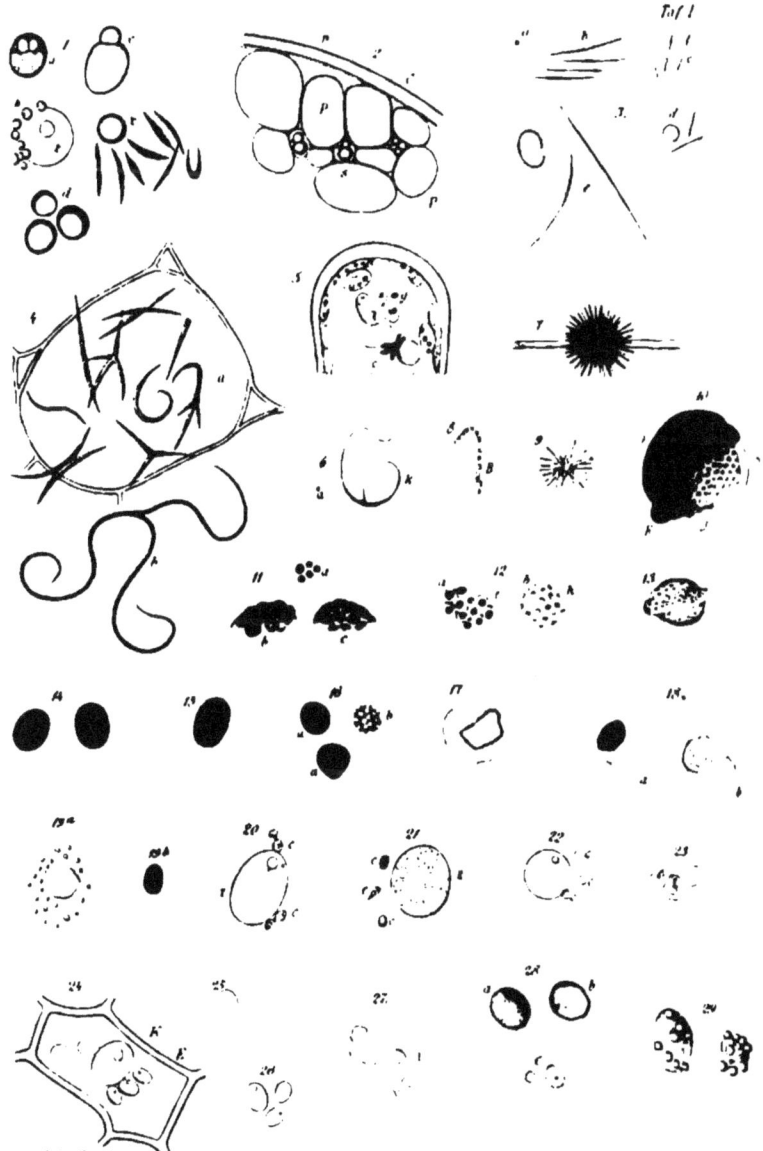

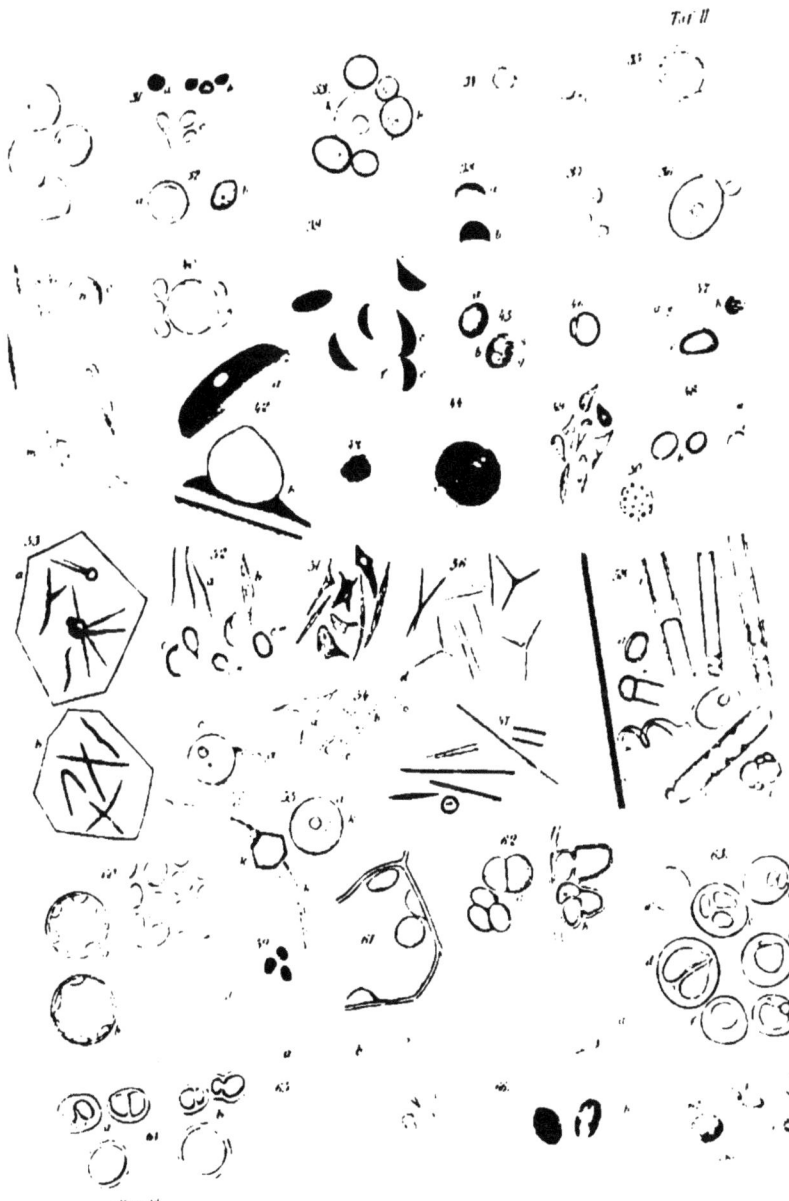

Taf III.